1924—2014
JACQUES LE GOFF
雅克·勒高夫

作者简介 | 法国历史学家。年鉴学派第三代的代表人物，其研究侧重于中世纪，注重长时段的社会经济史。著有《圣路易》《试谈另一个中世纪》《历史与记忆》等书。

译者简介 | 鹿泽新，毕业于厦门大学法语系，现为厦门大学外文学院法语语言文学系硕士研究生。

中世纪的
英雄与奇观

[法]雅克·勒高夫 ○著　鹿泽新 ○译

四川文艺出版社

致 谢

本书的付梓得益于多人的通力合作。首先要感谢瑟伊出版社"精美书籍"类的策划主任克劳德·埃纳尔的汇总与赏识，其次要感谢经验丰富的弗雷德里克·马聚对本书插图的搜集所提供的帮助，最后要感谢妮科尔·格雷瓜尔的支持，她擅长将口述转化成友善而又充满思想的对话。

我在本书创作期间一直与我的妻子保持不间断的交流，当时她正处于人生中最后几个月，我的内心充满热情与极端的不安，期待她能亲眼看到本书的诞生。但就在完稿的前几天，死神带走了她的生命。因此，谨以此书献给我已故的妻子，用以追忆她的身后之名。

献给汉卡

(1934—2004)

目 录

引言／3

亚瑟／3
主教座堂／15
查理曼／31
防御城堡／45
骑士与骑士制度／63
熙德／81
回廊内院／89
安乐乡／99
杂耍艺人／109
独角兽／119
梅绿丝娜／133
梅林／143
埃勒坎家从／151
女教皇若安／161
列那狐／169
罗宾汉／181
罗兰／189
特里斯坦和伊索尔德／199
游吟诗人／207
瓦尔基里／215

注释／219
参考文献／225
出版后记／249

引 言

我推荐阅读的这本书,在翻阅它的读者眼中,属于历史讲述中一个蓬勃发展的新领域:意象领域。

埃弗利娜·帕特拉让如此定义它:"意象领域是超越经验观察及逻辑推论界线的形象的总和。也就是说每一种文化、每一个社会,甚至一个复杂社会的每一个阶层,都拥有属于它们的意象。换句话说,现实与意象之间的界线不是一成不变的,然而,界线所穿过的这块领域无论何时何地都是一致的,因为它不是别的,从最集体的社会共同经验到最私人的个体内心经验,它正是人类经验的全部范围。"[1]

在我的《中世纪的意象》[2]一书中,我曾努力地为意象这个领域下过定义。首先要将它和其他相近的概念区分开来。第一步是形象这个概念。埃弗利娜·帕特拉让说意象是形象的总和很有道理,但是这个词太笼统,囊括了所有可感知的外界现实的意识表达。"意象是形象领域的一部分,但是它也占据了不可再现的意识表达的一部分,而不仅仅是简单地将其移植到意识画面中,从词源学上看它是富有创造性、富有诗性的。"意象超越了形象的领地,从字面意义上可以看出,它被天马行空的想象带到了形象之外的空间。意象培育和构建了传说与神话。我们可以将其定义为一个社会、一种文明的幻想体系,可以将现实转化为富有激情的思维景观。其次,意象要和象征区别开来。中世纪的西方曾思考过象征体系的形式问题,就从《新约》对《旧约》的不断解释开始,前者是后者的象征性的表达。拿本书中曾被维克多·雨果描写过的一个奇观举一个例子,当这位富有诗意的作家写到卡西莫多心中的巴黎圣母院时,他说"圣母院对他来说不单是整个社会,而且还是整个天地,整个大自然",他创造的不仅是一座象征性的主教座堂,更是一座意象中的主教座堂,因为"整座教堂显得颇为怪诞、神奇和可怖,这里那里都有张开的眼睛和嘴"。最后,需要将意象和意识形态区分开来。意识形态由世界观赋予，以强加给形象特定的含义并歪曲物质"现实"与"意象"现实为目的。中世纪的思想、中世纪的话语无不受到意识形态的塑造，它迫使意象领域为其服务以增强说服力：为宗教意识形态服务的"双剑论"就是这样诞生的。中世纪的战争激情渗透到意象世界中，形成了"剑"这一重要元素，而"双剑论"则借用剑的形象来象征宗教权力与世俗权力，且俗权要从属于教权。意象这个词可能经常用来解释"想象"，但是意象的历史并不是传统意义上的想象的历史，而是创造并借用形象来推动一个社会运转和思考的历史，而这些形象则来自浸润它们并赋予它们生命的精神、感觉和文化。早在几十年前历史学家赋予各种形象以新的用途之时，这种历史便已成为可能。[3] 其中一位对这种由形象构成并由形象推动的新历史最有研究的历史学家让－克劳德·施米特曾指出，对于历史学家来说，形象的这一新含义很符合中世纪一个词的意义：imago（形象）。"事实上，这个概念处于中世纪的世界观与人文观的中心。它不仅仅指形象化的物件，还指涉语言的'图像'，冥想与记忆中的'意识'画面，幻想与观念……最后，形象这个概念还涉及整个基督教人类学，因为人类在《圣经》一开篇就被比喻成'形象'：耶和华说，他要'照着我们的形象和样式'（创世记 1:26）来塑造人。"[4]

因此，本书是一个文本与图像相结合的整体，它的诞生因得到著名肖像学者弗雷德里克·马聚的鼎力相助而成为可能。本书并不力求描绘中世纪意象世界的全部图景，而只是通过这个整体中某些众所周知的组成部分介绍其主要特点。正如书名所提到的，本书将涉及一些英雄和奇观。"英雄"这个词在古希腊、古罗马时期指代那些勇气超群、有着赫赫战功的人物，并不属于神或半神，后来这个词随着中世纪和基督教的到来逐渐从西方文化中淡出。从此以后被认为是英雄但是不再用这个词来称呼的人具有一些新的特点，他们指圣徒或者爬到社会第一等级的统治者——国王。关于中世纪的这两类"英雄"，我最近写了一本书来介绍。[5] 而本书所提到的英雄则指的是一些上层社会的人物，跟圣徒和国王定义不同。这个词在中世纪语言中的意义和我想要在这提到的一个古法语词汇最相近：preux，它与 12 世纪的好勇、尚武的价值观紧密相连，在 12 世纪末由形容词变为名词，意指勇敢的骑士，后来派生出 prouesse（壮举）一词。到 13 世纪，该词慢慢转向风雅、善良、帅气、真诚的意思。我们将会在本书中提到的英雄人物身上发现他们和勇敢与风雅的品质之间的联系。某些英雄是历史上有记载的人物，但是他们很快成为传说，比如查理曼和熙德。还有一些英雄是半传说的人物，从扑朔迷离、有时甚至不确定的起源中逐渐演变为英雄，比如出现在中世纪早期编年史中的不列颠国王亚瑟，还有查理曼真实却又存疑的外甥罗兰伯爵。另一些便是纯传说中的人物了，比如虚构的女教皇若安，出现在14世纪编年史中的侠盗、弱者的守护神、绿林英雄罗宾汉——历史上却没有任何令人信服的人物与其相近，可能没有争议的人物还有仙女梅绿丝娜和法师梅林。这个名单表明，中世纪的意象在历史与传说之间、现实与想象之间建构了一个混合的世界，形成了脱胎于存在的非现实性的现实素材，吸引着中世纪的男男女女的想象。我们在这里举不出任何一个没有在中世纪或者后来成为传说的人物：例如，圣女贞德也没有打击中世纪的想象，当她几乎成为一个传说中的人物时，她也没有真正脱离历史，或者说，就算她脱离了历史，那也在某些人心中成为一位真正的圣徒，或者在另一些人心中成为国家主义的象征。我们还可以看到，这个名单上列出的英雄几乎都是男性。这个名单非常符合这一时期，符合这一时期被乔治·杜比称为"男性的中世纪"的文明特点。但是，通过包括传说和神话在内的方式以实现女性地位的提升在中世纪并非毫无价值，恰恰相反，我们在书中就发现四位风格迥异的女性形象。其中一位是处于骑士爱情主题的中心的小说人物，伊索尔德，我不想将她与特里斯坦分开。她的故事证明中世纪的现实生活和意象世界中一对对著名恋人的存在：阿贝拉尔和爱洛依丝，圣弗朗索瓦和阿西西的圣嘉勒，特里斯坦和伊索尔德。在本书中我没有把特里斯坦和伊索尔德分开，不像传说中那样无情地将他们拆散——不过幸好并未成功。另一个女性形象是教士们杜撰的产物。她很好地表现了这群粗鲁笨拙的军士对这个女性、对这位新夏娃、对她的魅力和魔法的害怕。如果一个女人背叛了男性世界并插手原来只有男人才被允许担任的职位，那该是多么大的丑闻、多么大的灾难啊！正是因为这种恐惧之心，传说中的女教皇若安应运而生。

本书还涉及另外两个超自然的女性形象。她们是仙女，证明了在中世纪基督教内部存在或被打败，或被遗忘，或被表面上基督教化的异教信仰遗留下的主题和人物。瓦尔基里来自日耳曼的异教世界，她是纯洁的战争女神，看守着条顿人的天堂"瓦尔哈拉"的大门；另一位梅绿丝娜来自凯尔特世界中的地狱。

我还想就此强调另外一些重要的东西，它们在中世纪的意象世界中被模糊地称为"通俗文化"。本书并没有特别地介绍那些"灵异"物件，但是我们会通过英雄发现它们的存在。因此本书并没有一章来介绍这些中世纪的意象中非常重要的器物：剑，比如查理曼的咎瓦尤斯、罗兰的迪朗达尔、亚瑟的石中剑；号角，最出名的是罗兰的号角；魔药，在特里斯坦和伊索尔德的故事中扮演了非常重要的角色；最后是我们可以在骑士精神的最高理想中发现的隐秘而又神奇的器物——圣杯。

除了个体的人物形象，本书还介绍了一系列经常出现在中世纪意象世界中的人物群体。正如我们刚才说的勇士们，他们或勇敢，或风雅，或两者兼具。这些群体中有骑士和游吟诗人，他们分别在骑士故事和风雅故事中占据中心地位。我还将中世纪领主社会中的伟大的表演者，也是当时耍把戏逗乐的小丑、杂耍艺人和他们放在一起。

正如我们会在其他地方介绍国王和圣徒，其他上流社会的人物也不会出现在这里。居住在天上和地狱、时常来人间走动的无数个体也不在我们介绍的人类之列，比如不停地侵扰人间的魔鬼和不断拯救人类的天使，尽管本书中出现的也都是传说中或神话中的人类。只有一个例外，就是德意志人称之为"群鬼狩猎"或者"鬼嚎"（wilde, wütende Heer）的埃勒坎家从，因为这支出现在中世纪人们想象里夜晚中的魔鬼大军由死去的人类组成，代表"超自然的"鬼魂群体。我没有选取人形的鬼怪，比如说一些巨人和侏儒，因为其中没有一个足够有名到可以被个体化成为中世纪遗留给后世的一员。他们在中世纪的故事中几乎随处可见，但是这些身材奇特的存在并不以个体的形式存在于我们的回忆中。在侏儒这一行列中，只有武功歌《波尔多的于翁》（Huon de Bordeaux）中的俊美的侏儒奥伯龙，多亏了韦伯的浪漫歌剧*，才和他的魔法号角在音乐史上留下一丝痕迹。在巨人中，除了特里斯坦和伊索尔德中的坏人莫豪迪，唯一一个通过成为圣徒成功跻身正面英雄行列并最终留下历史印记的巨人是圣克里斯朵夫，他在现代故事中曾将少年耶稣扛在肩上助其渡河。

相反地，我们可以在本书的英雄与奇观中发现两位神奇的动物世界的代表。[6]

---

* 指德意志作曲家卡尔·玛利亚·冯·韦伯创作的三幕歌剧《奥伯龙》。本书脚注皆为译者注，下文不再特别说明。

中世纪的家养动物、野生动物不仅大量繁殖，还会进入人们的意象世界中并大放光彩。出现在本书中的代表动物有传说中的独角兽和来源于现实但经过文学加工而成为传说的狐狸。中世纪的人们赋予它们以同样的价值观念，它们的出现无视自然与超自然、此世与彼世、现实与想象之间的分界，表明纯虚构的世界和加工成想象的世界这一中世纪的主要特征之间没有界线。然而，我们在本书中找不到一个基本都是虚构动物的领域——怪兽。[7]怪兽通常都是一些无恶不作的存在，而我们书中的英雄和奇观或是正面的，或最多是亦正亦邪的。书中介绍的都是中世纪的意象中一些最好的人和物。本书中和英雄相伴的另一部分是奇观。[8]奇观是一个由古代文化，准确地说是基督教中世纪时期的罗马文化遗留下的专门领域。这个术语通常以"mirabilia"的复数形式出现，通常指代那些自然发生但令人不可思议的地理现实。这个概念逐渐通过通俗语言进入到中世纪的文学和感觉中。古法语的 merveille（奇迹，奇观）这个词自13世纪起出现在《圣亚历克西斯的生平》（*Vie de saint Alexis*）和《罗兰之歌》（*Chanson de Roland*）中，来源于该拉丁词的同形词还出现在意大利语、西班牙语和葡萄牙语中，同时德语和英语中分别使用 Wunder 和 Wonder 表示"奇迹"，斯拉夫语和波兰语则使用 Cud 一词。奇观逐渐和圣迹与魔法一起形成一个体系。

圣迹是上帝的专属，通过一系列挑战自然规律的神圣行为表现出来。魔法，即使它有着白魔法这一合法形式，它也可能为人类的敌人（魔鬼或者它的帮凶——精灵和巫师）所用而成为被谴责的妖术。而不可思议、不可理解的奇观却是合理存在的。在约1210年为皇帝奥托四世写的百科全书《皇帝的娱乐》（*Otia imperialia*）中，英格兰人热尔维斯·德·蒂尔伯里如此定义"奇观"："虽然合理但超出我们的理解能力的事物。"奇观这一范畴在中世纪时期不断地丰富发展，因为它通过人类的手艺使某种意义上属于上帝的美物降落在人世间。该领域使人类叹为观止，不断激发中世纪人们的惊艳之感。它与中世纪的人们使用最多的感觉——视觉关系最密切，奇观在使他们因惊讶睁大眼睛的同时激发他们的思想感情。本书中的奇观以三种建筑物的形式出现，它们分别属于统治和引导中世纪社会的三种主要力量。第一种力量是上帝和神甫，与之相关的奇观是教堂；第二种是封建领主，对应的是防御城堡；第三种是修士，对应的是修道院。每一种建筑类型外都环绕着一块神秘的封闭区域，这让我们想起封闭的花园*和天堂——那些空间占据的神奇的领地。

我们的中世纪意象世界很明显与空间和时间紧密相连。从空间的角度来看，它根本上属于欧洲式。即使某些英雄和奇观与一部分基督教民族的联系更紧密些，但是它也没有自我封闭：亚瑟和罗宾汉主要是不列颠的传说；熙德主要是西班牙的故事；梅绿丝娜出现在法国和塞浦路斯的幻想中，吕西尼昂家族曾于塞浦路斯加冕；瓦尔基里出现在日耳曼和斯拉夫国家的神话中。

从年代的角度来看，我想要在此介绍的是在中世纪时期塑造和成形的意象。因此我忽略了一部分源于古希腊、古罗马时期的人物和另一部分来自东方的人物。我们将会在有关勇士的"骑士与骑士制度"这一章中看到，除了中世纪的著名人物之外，14世纪的人们是如何将三个古代人物（赫克托耳、亚历山大、恺撒）和三个《圣经》中的人物（约书亚、大卫、犹大·马加比）加工成勇士的。我们不会在本书中找到这些中世纪简单吸收过来的人物。一番犹豫之后，我将亚历山大也排除在外，因为他虽然在中世纪的意象世界中风行一时，但是他毕竟不是中世纪塑造的产物。同样地，我不仅没有留下那些不是中世纪时期创造的《圣经》英雄，除了《圣经》体系中九位勇士的上述三位之外，也没有留下那些被中世纪的文人加工后以英雄或勇士之外的面貌出现的人物。如果说大卫确实曾活跃于中世纪，那他也是作为国王和音乐家的身份出现的。如果说所罗门在中世纪时期有一段动荡的故事，从不吉利的术士形象转变为幸福的智者形象，那么他也不属于我们要讲述的英雄和奇观的范围。依我看，只有《新约》中的一个人物——被鲸鱼神奇地吞掉又吐出的约拿，以及基督教记载在《新约》中的令人生畏的奇迹世界，还算处于我们在此讲述的英雄与奇观世界的边缘。尽管他们很著名，但依然和我们的主题不相干，因为他们属于《启示录》中骇人听闻的英雄和奇观。东方，尤其是印度，曾是中世纪意象的重要来源之一。[9] 但是只有一个印度英雄，也是基督教徒，在中世纪的西方世界中成为独立的个体。他就是祭司王约翰，传说中他的一封信在12世纪的西方流传，信中描绘印度遍地珍奇。但是，这封信仅仅在知识分子阶层流传，因此约翰并没有达到家喻户晓的程度，也就没有出现

---

* Jardin clos，拉丁语 Hortus conclusus，指"封闭的花园"，是一个欧洲宗教艺术的象征主题，在圣母玛利亚的神秘诗歌和艺术表现形式中扮演着重要的角色。

在中世纪西方的英雄和奇观这一行列中。这些特殊神话的传播其实与文明交流的历史密切相关,而本书的范围则集中在中世纪的基督教文化及其遗产:《圣经》、古希腊罗马文化、凯尔特、日耳曼及斯拉夫异教传统。

基督教文化的广泛的社会传播使得文化出现了阳春白雪与下里巴人之分。因此我们经常被带领着一头扎进欧洲或世界的博大精深的民间传说之中,与遥远的文化遗产及文化群体对话,尤其是我们称之为印欧语系的文化(比如提到亚瑟和梅绿丝娜时就会涉及该文化)。但是,在不否认他们的亲缘及归属关系的前提下,我们更加强调中世纪的西方——就像他们在文明的其他领域所做的那般——在该意象领域的创造力和大部分形象的独创性。乌托邦乐土的构想就是一个很好的证明,而且其年代可考。再举一个在意象世界中频频出现的团体英雄的例子——中世纪的骑士。他们难道可以直接等同于印欧语族中履行第二种社会功能的英雄,或古罗马的骑兵,或日本的武士吗?骑士精神难道不是欧洲中世纪的创造和遗产吗?

一个传说通常与一个地点或一方空间相联系,同样地,这也是西方的中世纪塑造英雄和奇观的方式,将他们与地点相联系,即使不是他们的出生地,也会赋予他们一个具有重大含义的地理立足点——不管是现实的还是虚构的地点。

从年代的角度来看也是这样,该意象世界的形成贯穿整个中世纪,从4世纪到14世纪,但是它在西方中世纪这一漫长的时期中确实大放光彩,并基本形成了一个大致完整、前后逻辑连贯的体系。这一时期不仅见证了意象世界的大发展,而且正如我所努力展示的,该时期使得原本高高在上的价值观念及各种形象落到地面。中世纪的英雄和奇观就是基督教徒在人间安家这一历史过程中出现的杰出人物和功勋,他们用超自然世界中的荣光和魅力来装饰居住的大地。就像天上的耶路撒冷也转移到地上,由上帝创造或产生的英雄和奇观也留在了人间,接受普通人的歌颂。以神话和传说为背景,中世纪的基督教徒落地人间,本书自愿为这个伟大的历史进程做注。[10]

从一定的高度和深度来说,意象的历史也是一段长期的历史。本书提到的中世纪的英雄和奇观正是中世纪塑造、敬仰、爱戴并遗留给后世的形象。他们在后来的时代中依旧存在,并逐渐演变为一个混合体——解释过去,适应当代,开启未来。从某种角度来看,这是一段对中世纪、对"中世纪的趣味"——暂且借用一下克里斯蒂安·阿马尔维的书名——持何种态度的历史。

本书是我在意象领域最新的一篇论文《欧洲诞生于中世纪吗？》[11]的扩展。我们将会看到，如果说欧洲的基础在中世纪打下，那么这些包括神话、英雄和奇观的遗产在17到18世纪却被遗忘和"丢失"了。这段时期里，从人文主义到启蒙思想，中世纪的形象不断被"抹黑"：蒙昧主义的时代、黑暗的世界、黑暗时代。除了几个例外，中世纪的英雄和奇迹再次被"野蛮化"——教堂的哥特式风格的演变就是例证，或者直接被遗忘，就像石膏和石灰遮盖住了中世纪的宏伟画幅。

相反地，浪漫主义复苏了中世纪的传说和神话，让它们在意象的世界中重生，成为流光溢彩的传说。本书是一个注脚，见证了回忆的起伏，文明的遗忘、复兴和演变，中世纪的传说在其中变得更加闪亮，成为更加辉煌的象征。[12] 对中世纪意象世界的演变一直持续到今天的追寻表明，这种用一缕光线照亮这些英雄和奇观并还其"本来面目"的方式，并不会同时隐没能够解释他们的成功和历史功能的自身的光环。时下，处于阴影和光明之间的中世纪很流行。本书想要为这股"新"中世纪热尽绵薄之力，看看它从哪里来，它是什么，未来有什么前景，会欧洲化还是世界化。

总之，这项探索更多地介绍一些轨迹而不简单地罗列一堆形象，这也表明文献滋养了技术以还原过去，而建立在文献上的历史也在随着人类发明的表达和交流工具一直加工、演变，就像中世纪时书写文字逐渐代替了口头传播一样。我们在此将会看到，在浪漫主义复兴之后，借助于20世纪的两大主要发明——电影[13]和漫画[14]，中世纪的意象迎来了第三次复兴。如果说这段历史借助文本和图像的革命大潮而永久流传和革新，那它正是一段"意象"*的历史。

---

* 法语中的"意象"（imaginaire）一词和"图像"（image）一词同源，因此作者在此玩了一个文字游戏。

左图：作为国王和战士的亚瑟，头戴王冠（图中的镶嵌文字强调了他的国王身份），骑着马，一手持兵器，一手做着军事长官经典的挥手动作。来源：意大利普利亚大区奥特朗托大教堂的地面镶嵌画，潘塔莱翁作，1163。

右图：与巨人搏斗中的亚瑟。来源：《埃诺省编年史》，雅克·德·吉斯著，让·沃克兰译，1468，ms 9243, vol.2, fol. 49 v°，布鲁塞尔，皇家图书馆。

亚瑟

Arthur

亚瑟是中世纪极具代表性的英雄人物。他很有可能是以某位历史人物作为原型塑造出来的角色，但是实际上我们并不了解这个历史人物。

亚瑟非常能体现中世纪英雄人物的特点，他们介于现实与想象之间、虚幻与历史之间，早已成了传说中的人物，就像那些历史上真正存在的人物，他们也已经远离历史而成为传说，与意象世界中的虚构英雄结合起来。在这方面，我们将一睹中世纪其中两大英雄人物平行而又交叉的命运演变——介于历史与传说之间的亚瑟和查理曼。

亚瑟这个名字首次出现在9世纪初编年史家内尼厄斯编写的《不列颠人的历史》（*Historia Britonum*）一书中。据书中记载，有一位叫亚瑟的人助不列颠国王抵抗入侵大不列颠的撒克逊人。作为战场领袖，他杀死了将近960个敌人。因此亚瑟主要是作为功勋卓著的战士、不列颠人的保护者走进了历史。在中世纪盛期，凯尔特人的口头文学中就出现了他的影子，尤其是威尔士散文故事集《马比诺吉昂》（*Mabinogion*）讲述了这位英雄的早期时光。有人曾经将亚瑟和其他文化中的英雄人物相对比，尤其是印欧语族具有三种社会功能的文化、欧洲甚至日耳曼民间传说中的英雄。但是，不管英雄亚瑟的本质是什么，西方中世纪创造、流传给我们的是一位与不列颠民族意识紧密相关的凯尔特英雄。

亚瑟真正诞生于一本据说作者是威尔士的编年史家蒙茅斯的杰弗里的作品中。杰弗里是牛津的一位议事司铎，于1135到1138年编撰了《不列颠诸王史》（*Historia Regum Britanniae*）一书。杰弗里讲述了自布鲁图斯率领罗马人给不列颠人带来最初的文明之后不列颠诸王的历史。作为罗马人和蛮族人的混血后代，不列颠人自此便被一连串的国王统治着。其中最后一个国王，尤瑟王（尤瑟·潘德拉贡），在法师梅林的魔法的帮助下使他爱慕的女人伊格赖因受孕，她生下一个儿子，这便是亚瑟。亚瑟15岁继位为王，在对罗马人以及西欧各民族的战争中取得了一个又一个辉煌的胜利。他杀死圣米歇尔山周围散布的恐怖的巨人之后，征服了整个大不列颠、北部群岛，疆域直达比利牛斯山。他的外甥莫德雷德抢走了他的妻子和王国。亚瑟从战场归来将其杀死，但是自己也受到了致命的一击，随后他被送到威尔士附近的阿瓦隆岛。在那里，他要么是去世了，要么等待着力量恢复，以重新夺回他的王国和统治权。就这样，亚瑟很快成为一系列代表中世纪丰富而有影响力的文学作品"亚瑟王传说"的中心人物。

这一文学形象中的很多基本情节都来自克雷蒂安·德·特鲁瓦于1160至1185年创作的故事诗和13世纪上半叶以散文形式流传的亚瑟王传说。我们可以

身着王服的亚瑟与打扮得像宫廷小丑的法师梅林出席王室的娱乐活动——观看白龙与红龙之战。来源:《圣奥尔本斯编年史》手稿中的细密画,15世纪,ms 6, fol.43 v°,伦敦,兰柏宫图书馆。

华盖下，亚瑟带领圆桌骑士团围桌而坐，圣杯在圆桌中间熠熠生辉。只有9位骑士坐在他的身边。来源：Ms fr. 120, fol. 524 v°，14世纪，巴黎，法国国家图书馆。

从中看到中世纪文学中创造性的想象在英雄以及奇观的塑造方面发挥了多么关键的作用。意象的历史赋予了中世纪文学在当时的文化、思想和意识形态领域至关重要的地位，更加赋予了它能够跨越世纪而长存的持久生命力。亚瑟是我们称之为"不列颠题材"这一广阔的文学领域的中心人物。他带动了很多文学形象的诞生，或者说在他的周围集结了一系列英雄人物，其中最闪亮的是高文、兰斯洛特和珀西瓦尔。他还创建了一个在中世纪西方基督教中不多见的乌托邦式团体，即传说中的圆桌骑士团。这个团体中的成员都是英雄的典范，我们将会在"骑士与骑士制度"这一章中详细介绍。亚瑟作为一位战争英雄，和法师梅林保持着密切的关系，后者用他的预言和保护陪伴着亚瑟从出生到死亡的整个人生历程。梅林是一件奇特的宝物——圣杯的构思来源，我们在本书中不对圣杯做过多的介绍，因为它实际上早已从我们的想象当中消失了。圣杯是一个有魔力的物件，是圣体盒的一种形式，对它的寻找和征服成为基督教骑士尤其是圆桌骑士团的使命。中世纪骑士的基督教化在这个神话中达到顶点。圆桌骑士团这一形象的创造同样也使我们看到英雄和奇观的世界其实隐含着中世纪社会和文化的矛盾，它象征着生活在中世纪等级森严和极不平等的社会中的人民大众对理想的平等世界的向往。但是，在封建社会的意识形态当中，也存在着一种在贵族这一较高的社会等级中创建团体和要求举止平等的渴望。封建领主和封臣之间的亲吻礼就是一种姿态上的象征。圆桌骑士团除了隐喻宇宙是一个整体，即世界的整体性之外，还象征着对平等世界的憧憬，亚瑟则在其中扮演着担保人的角色，并在贵族世界中寻找其现实的化身。

但是，除了拥有战士与骑士的身份，亚瑟还是中世纪政治社会中卓越首领——国王的虚构化身。这值得我们注意，长久以来，亚瑟真正的名字是"亚瑟王"（Arthurus rex），比如我们可以在意大利南部奥特朗托大教堂（11世纪）的地面镶嵌画上看到的，而且亚瑟在欧洲颇具诗意的想象当中一直是国王的象征，他不以神秘的形式存在，却没有丧失神圣的光环。亚瑟不只是一位真实存在而又传奇的国王，他还是一位千禧年的国王。中世纪的人们普遍梦想着由信仰和美德统治世界的日子降临大地，他们期盼着由一位历史上的国王领导启示录记载的世界末日。这种想法在东方获得了巨大成功，某些"隐士埃米尔"的出现便是一例。在西方，亚瑟的形象被许多皇帝所采用，比如腓特烈一世（绰号"红胡子"），他认为亚瑟可能并没有死，而是长眠于一个山洞中，在阿瓦隆岛上静待着自己的回归。这就是"过去和未来之王"（Rex quondam, rexque futurus）的主题。

如果说圆桌骑士团这样一个神秘的团体与亚瑟的形象紧密相连，那么有一件伟大的战士或骑士通常所共有的人格化的器物与他的名字联系得更加密切，那就是他的佩剑。亚瑟的佩剑具有魔力，只有他能够挥舞得起来，他用这把剑杀死了不计其数的敌人和怪物，尤其是巨人，最后圣剑被投入湖中也标志着他的生命和权力的终结。这把剑名为"石中剑"（Excalibur），它的消失为亚瑟之死这一段晦暗的情节画上了句号。英国著名导演约翰·保曼还在他的电影《亚瑟王神剑》中让这把剑登上银幕。我们在查理曼和罗兰的手里也能发现这样的人格化的佩剑，答瓦尤斯、迪朗达尔。它们和石中剑都是了不起的英雄们的最好搭档。亚瑟首先是中世纪多重价值观念结合的体现。这些观念无疑打上了基督教的深刻烙印，但首要表现的还是世俗的价值观和世俗的英雄形象。亚瑟自身表现了封建价值观两个连续的发展阶段：12世纪的英雄主义和13世纪的骑士风度。他是印欧传统中具备三种社会功能的国王：代表第一种功能的神圣之王，代表第二种功能的战争之王，代表第三种功能的教化之王。他为研究中世纪文学的著名的史学家埃里克·科勒所下的一个较为合理的定义做了很好的注解："封建骑士世界的两大任

现代象征主义画作中的彩绘石棺和雕在墓石上的中世纪风格的亚瑟卧像。罗塞蒂以一种令人不安的方式将亚瑟王之死（或昏睡）的主题与王后圭尼维尔背叛国王的主题糅合在一起，画中的王后正犹豫是否接受骑士兰斯洛特的亲吻。来源：丹特·罗塞蒂，《亚瑟王之墓》，1854，伦敦，私人收藏。

务：历史的合法化与神话的创造。"

正如所有的英雄，尤其是中世纪的英雄一般，亚瑟的名字与很多地点紧密地联系在一起。这些地点通常都是出现战役和死亡的地方。其中有重要的战事、征服及胜利发生的区域，凯尔特地区、爱尔兰、威尔士、康沃尔、阿尔莫里卡[*]；有亚瑟诞生的地方，康沃尔地区的廷塔哲；有传说中他的宫殿所在之地，位于康沃尔和威尔士边界的卡美洛；[1] 有一些神奇的岛屿，比如阿瓦隆岛；还有位于威尔士边界的英格兰本笃会格拉斯顿伯里修道院，据说1191年在这里发现了亚瑟王和王后圭尼维尔的遗体。但是，在远离凯尔特地区的东方，也还有一个著名的地方与等待之王——生死不明的亚瑟密切相关，这个地方就是埃特纳火山。根据13世纪初一位英格兰人蒂尔伯里的杰维斯的一部著名的故事集，亚瑟安静地沉睡于埃特纳火山中，他或是在等待着重回人间，或是等待着升入天堂。因此亚瑟也与我称之为炼狱的诞生这个故事紧密相连，当时的人们在炼狱的入口位于爱尔兰岛还是西西里岛这个问题上摇摆不定，这位凯尔特国王应该算是基督教国家的教义中入炼狱的第一批人了。[2]

但是，在基督教的欧洲，从来没有全能的英雄和没有阴暗面的奇观，这个特点一直持续到今天。英雄也只是一个人，而人都是有罪的，坏人的背叛必然与封建的忠诚观形成对比。另一方面，如果说君主制的意识形态将国王塑造为一个英雄的形象，那它远没有赋予他绝对主义的特点，而文艺复兴和古典时期则更注重突出这一特点。亚瑟是一个罪人，也曾被背叛过。亚瑟克制不住情欲，与他同母异父的姐姐结合生下了莫德雷德。越是伟大的人物，越是可能犯下天大的罪恶，国王和英雄（查理曼亦如此）通常都有乱伦的行为。至于这次罪行的果实莫德雷德，则是一个叛徒，他的背叛导致亚瑟王最后死亡了。如果说亚瑟知道他的妻子圭尼维尔背叛他并和他的仆从兰斯洛特偷情，那么他自己也多次在不同的场合背叛了圭尼维尔。

蒙茅斯的杰弗里之后，亚瑟的形象不断得到巩固。首先，英格兰金雀花王朝用政策确立了他的地位。英雄形象的政治利用是历史上的常见现象之一，尤其是在中世纪、在欧洲历史中。在英格兰诸王大力宣扬亚瑟的同时，法国人和德意志

---

[*] 古地名，现在大致位于法国西北部的波利尼亚克与迪耶普之间的滨海地区。

人也争先恐后地在历史神话中寻找本国的精神支持,两国都不遗余力地谋求垄断查理曼。就这样,欧洲历史中出现了一对具有双重关系的组合——亚瑟王和查理曼,双方时而互补,时而对立。

亚瑟取得了非凡的成功,13 世纪初的西多修道会士海斯特尔巴赫的凯撒利乌斯在他的《关于神迹的对话》(*Dialogus miraculorum*)中写道,有一次修道院院长布道时,底下的修士都在打盹儿,这时他提高了嗓音:"听我说,我的兄弟们,听好了,我要给你们讲一个离奇的新故事:过去曾有一位国王名叫亚瑟。"一听到这句话,修士们都醒了,激动不已,全神贯注地听着。亚瑟甚至在修道院内都成了英雄。在中世纪,亚瑟形象突破贵族阶层的成功之处还体现在"亚瑟"这个名字上。由一个名和一个姓结合在一起的现代人名形式出现在 13 到 14 世纪的西方基督教世界,那时我们就已经发现"亚瑟"的存在,尤其是在市民阶层。米歇尔·帕斯图罗曾着力研究过"亚瑟"和其他圆桌骑士团主要成员的名字的传播情况,他强调一个人的教名从来都不是可有可无的,它是人的"第一个社会记号,首要属性,主要标志"。他曾根据 15 世纪末之前的约 40000 个带有法国印记的传说,考察过圆桌骑士团的成员的名字出现的频次。他发现"效仿亚瑟王"在那时的城市中已经成为一个不可争辩的事实,对亚瑟的狂热甚至席卷荷兰、意大利这些地区,一直持续到 16 世纪中期。让我们再回到法国,这次有关亚瑟人名学的人类学考察的胜出者是特里斯坦,共计出现 120 次;紧接着是兰斯洛特,79 次;紧接着是亚瑟的 72 次,远远超出高文(46 次)和珀西瓦尔(44 次)。

我们将会在本书中经常看到,中世纪英雄的魅力通常在 14 世纪会或多或少地减弱,继而在 15 世纪苏醒。正如约翰·赫伊津哈在《中世纪的衰落》(*L'Automne du Moyen Âge*)一书中重点写到的那样,15 世纪的骑士故事泛滥成灾。一位名叫马洛礼的英格兰诗人在 1485 年创作的伟大作品《亚瑟王之死》(*Le Morte d'Arthur*)唤醒了人们对亚瑟的记忆。16 世纪则完好地留存着这位中世纪英雄那熠熠生辉的事迹,另一位诗人斯潘塞的《仙后》(*The Fairy Queen*,1590)一书使亚瑟获得新生。亚瑟承载着不列颠的民族主义成功穿过 17 世纪的意象世界,这尤其要归功于伟大音乐家珀赛尔根据约翰·德莱顿的剧本所创作的歌剧《亚瑟王》(*King Arthur*),虽然后者起初受到国王查理二世支持,但这部作品到 1691 年才能演出。

亚瑟和圆桌骑士团曾是好莱坞电影的灵感来源。这是传说中王家夫妇的理想形象亚瑟王和圭尼维尔。头戴王冠、胸前绘龙的国王（梅尔·费勒饰）偕头戴后冠的王后圭尼维尔（阿娃·加德纳饰）在开一场好莱坞式的舞会。这部电影突出了亚瑟王的随从的宫廷形象。来源：《圆桌武士》，理查德·索普导演，1953（美国）。

最后，伴随着浪漫主义的到来，亚瑟迎来了中世纪意象的大规模复兴。他有幸成为当时英国伟大的浪漫主义诗人之一——丁尼生笔下的主人公，他于1842年出版了《亚瑟王之死》（*Morte d'Arthur*），他生前一直在创作《国王叙事诗》（*The Idylls of the King*），合集于1885年面世。大约同时期，亚瑟在一些拉斐尔前派画家的作品中获得了新生，尤其是在丹特·加布里埃尔·罗塞蒂（1828—1882）和爱德华·伯恩-琼斯（1833—1898）的作品中。音乐领域中，在瓦格纳的影响下，肖松于1886—1895年间创作了他的唯一一部歌剧《亚瑟王》（*Le Roi Arthus*），而我们将会发现其实瓦格纳也在中世纪的（尤其是日耳曼的）英雄与奇观的复兴中扮演了决定性的角色。

电影最终使中世纪的英雄亚瑟及他的主要英雄伙伴重新焕发了活力。让·科

电影保留了亚瑟的魔剑的故事并使它成为明星。来源：《亚瑟王神剑》，约翰·保曼导演，1981（美国），奈杰尔·特里饰亚瑟。

克托最先将亚瑟王的传说搬到戏剧中——《圆桌骑士》（*Les Chevaliers de la Table ronde*，1937）。二战之后出现了一些电影杰作，也出现了许多扭曲、脱离中世纪意象的电影，比如1953年由理查德·索普导演的好莱坞电影《圆桌武士》（*Knights of the Round Table*），1967年由乔舒亚·洛根导演的音乐喜剧《卡美洛》（*Camelot*）。伟大的作品还有布列松的《湖上骑士》（*Lancelot du lac*，1974）、埃里克·罗默的《威尔士人珀西瓦尔》（*Perceval le Gallois*，1978）和约翰·保曼的《亚瑟王神剑》（*Excalibur*，1981）。在史蒂文·斯皮尔伯格的著名电影《夺宝奇兵3：圣战奇兵》（*Indiana Jones et la dernière croisade*，1989）中，导演派哈里森·福特去寻找圣杯。滑稽改编也意味着卖座，对亚瑟的调侃在著名的《巨蟒与圣杯》（*Monty Python and the Holy Grail*，1975）和泰·加尼特导演、宾·克罗斯比主演的《误闯阿瑟王宫》(*A Connecticut Yankee in King Arther's Court*，1949)中取得了同样好的效果。最后，英雄亚瑟的新化身将会是美国总统小布什吗？颇为保守的好莱坞电影监制人杰里·布鲁克海默刚刚给安托万·福奎阿的场面豪华壮观的电影《亚瑟王》(*Le Roi Arthur*，2004)投入了巨额资金。剧中罗马人占领结束之后，亚瑟、圭尼维尔和圆桌骑士团被演绎成为使国家走上发展进步的道路而坚决抗击撒克逊人的英格兰英雄。导演表明："当罗马人占领大不列颠，当英格兰人民为了完成传播文化的使命而摆脱罗马人的压迫并抗击蛮族入侵，那时的亚瑟和今天的阿富汗与伊拉克的局势有着某种意义上的共鸣。"亚瑟真正是无时无刻不在震撼着我们。

左图：圣德尼大教堂的祭坛与北耳堂。圣德尼大教堂在建成之初及随后的几个世纪中只是一个实力雄厚的修道院的附属教堂，它在新的圣德尼主教区成立（1966）之后才成为主教座堂。它由圣热纳维耶芙建造，达戈贝尔特国王于7世纪重建，后来矮子丕平对其第三次重建。自查理曼于775年为其祝圣后，它成为历代法国国王的墓地。12世纪，路易六世和路易七世的主要顾问叙热修道院长按照一种后来人们称之为哥特式艺术的新风格对教堂进行改建，因此圣德尼大教堂被认为是哥特式教堂的建筑和思想的鼻祖。光线的透入、拱顶和窗户的改进使其熠熠生辉，哥特式教堂因此能够和经院式哲学大全相媲美。

右图：达戈贝尔特国王命人建造的圣德尼。在当时还称为圣德尼修道院的圣德尼大教堂是中世纪国王和建筑师们的一个巨大的工地。来源：节选自《法国编年史》，1350。ms Cotton Nero E. II, fol.73，伦敦，大英图书馆。

主教座堂

能够在欧洲的意象世界中留下印记的中世纪『奇观』建筑非主教座堂和防御城堡莫属。

主教座堂是中世纪的印欧社会等级中的第一层级——教士的象征，防御城堡则是第二层级——骑士的象征。我们可以再加上一种建筑类型或一个建筑群，来象征第三层级富有生产力的社会功能，那就是"城市"。但是，即便中世纪的城市与古代城市、工业城市和后工业城市相比有着强烈的原创性，它的身份看起来还不够独特，不能跻身于本书介绍的英雄与奇观的行列，我们也不会忘记在中世纪大多数人的眼中，城市是奇观，是美景。

"主教座堂"一词首先以形容词的形式出现在中世纪，指主教驻地的教堂。该词直到17世纪才演变为名词，但是这一名词形式在词汇领域及思想领域都取得了巨大的成功。"主教座堂"来源于拉丁语"cathedra"，意为座位，具体指专门给主教坐的一种宝座，这种主教座也是主教座堂内部的主要部分之一。因此"主教座堂"本意指主教驻地的教堂，在某种程度上这也保证了它的成功。值得注意的是，欧洲语言中指"主教驻地的教堂"的词通常来源于两个而不是一个拉丁词。在英国、西班牙和法国，该词是"cathédrale"，来源于"主教的座位"。在德意志和意大利，"主教座堂"一词由意指"家宅"的"domus"演变而来，派生出德语的"Dom"和意大利语中的"duomo"，比主教座堂更贴切的是，这种大教堂意指上帝的家宅，而不仅是主教的家。

主教座堂能拥有特殊威望的原因在于它的巨大规模。不仅因为它是每个教区最重要的教堂（因为它是所有教堂的首脑），而且为了迎接广大基督教徒、给人带来视觉冲击，主教座堂的规模总是令人叹为观止。它形象的冲击力不只体现在强大的外表上，还体现在壮丽的教堂内部。内涵与外在的统一性在中世纪的精神与感觉世界中居于中心地位，从这种角度来看，主教座堂是这种统一性在建筑领域最好的体现。借助20世纪的航拍技术，主教座堂给人留下了更加难以磨灭的深刻印象。不管是近观、远观、里看、外看，还是鸟瞰，主教座堂迄今为止都是非同凡响的建筑精品。摩天大楼是唯一能够在规模，尤其是高度上同主教座堂争锋的建筑物。但是尽管它通常拥有地标性建筑的称号，却明显不具备后者所拥有的即便是无神论者或异教徒也都能从中感知的显而易见的精神特性。

主教座堂是一种历史悠久的建筑类型。它出现于4世纪，现今仍然扮演着双重角色：作为教堂的角色，即一直延续的礼拜仪式的场所；作为意象世界中的神秘角色。主教座堂看起来像是永恒的存在，很少有建筑物能够像它一般经受住历沙特尔大教堂航拍图。罗曼式风格的沙特尔大教堂于1194年被烧毁，只留下建筑物的正立面，1220年左右主体部分重建。它因其中收藏着法国最丰富的13世纪的彩绘玻璃窗而著名。这张航拍图使祭坛的长度、耳堂与中殿的交叉处看起来很明显，最重要的是，这种中世纪只有上帝才能观察的视角现在已经能被普通大众见到。

史流转的考验。它于4世纪诞生，经历了基督教被罗马帝国允许、承认继而成为国教，以及主教的地位被提升到有权力和威望的上层阶级等历史事件。

"主教座堂"这个名字从中世纪早期一直到1000年，不只是指一座大教堂，而是指城市中的一个区，是我们称之为"主教区"或"主教驻地区"的建筑物总和。这个区域通常包括两座教堂、一座圣洗堂、一座主教宫、一座教士之家、一座主宫医院和一座学校。后来其中一座教堂消失了，圣洗堂以领洗池这种更简约的形式合并到教堂中；教士之家成了议事司铎的内院；主宫医院取得了独立地位，自12到13世纪起受到遍地开花的普通医院的冲击；学校后来也从主教座堂中分离出来。加洛林王朝时期，议事司铎侵入到主教座堂的地盘——他在教堂外拥有议事司铎的内院，教堂内部修建了供他们用的带有神职祷告席的唱诗班席位，形式上将信徒与教士隔开。唱诗班席位隐没在信徒的视线之外，做弥撒的主祭神甫不需要再面对信徒，而是背对着他们，主教座堂只能艰难地在主教、议事司铎、教士与普通信众之间扮演文化及礼拜仪式的统一性的角色。

教堂尤其是主教座堂的演变也要归因于历史条件的大环境的变迁。我们可以从中发现两个显著的潮流。一个与人口增长相关。1000年到13世纪，西方人口大约翻了一番。另一方面，主教座堂中对信徒开放的空间也逐渐成为一个多少带一些世俗性的公众空间，一个会面与社交的场所。在一个城市化蓬勃发展的时代，这个特质让与城市化紧密相关的主教座堂成了某种室内广场。然而，我认为第二个历史潮流对主教座堂的规模和面貌影响最大，这个潮流可称为建筑风格。针对那些拥护实用性是历史演变的主要动力的人，我们有必要强调一下自11、12世纪始就很重要的建筑风格的重要性，尤其是由罗曼式到哥特式风格的转变便是由审美的改变推动的。不过，哥特式风格使主教座堂能够更好地发挥4世纪以来罗曼式带给它的原初使命。

前所未有的高度，内部空间中充足的光线，突出主教居高临下地位的塔楼和尖顶，符合中世纪精神的尖耸特点——哥特式风格将这一切都赋予了主教座堂。罗兰·雷希特没有谈论罗曼式与哥特式风格之间所谓的延续性，而是特别强调哥特式建筑是一种全新的决裂："它通过与传统的罗曼式建筑相异的风格，首次与古罗马及早期基督教时代彻底决裂。这种决裂建立在一系列技术创新上——支撑拱顶的交叉穹隆的发明，飞扶壁、石头窗框及薄墙的应用。它们使得建筑物慢慢变得越来越高，越来越轻，越来越明亮。不仅如此，哥特式建筑还促进了线条元素的不断丰富和发展，这些元素使每个支撑部件与其特定的功能巧妙融合在一起，反映了越来越明显的理性精神。这种丰富赋予了建筑主体一种可塑性，光与影透进教堂里，以一种戏剧性的张力交流融合。这一切增强了主教座堂的视觉效果，同时包含了教会越来越注重'道成肉身'的考虑。"[1]

哥特式风格与主教座堂的邂逅还受到历史大事件的影响，而且这种影响一直持续到今天。第一个事件是11世纪下半叶的格列高利改革，它重新提高了主教的地位，使教会摆脱世俗封建的支配。第二个事件是国王在主教座堂的修建中扮演的角色越来越重要。建造一座主教座堂要经过国王的允许，而国王按照12世纪末以来我们所称作的现代国家的建设蓝图，很严格地行使这项特权。如此，主教座堂与正在酝酿之中的国家与民族的形成联系起来，城市的主教座堂也就成为国家的纪念性建筑。哥特式风格也加强了主教座堂的结构中理性的一面。美国著名艺

布尔日的圣艾蒂安大教堂是华丽的哥特式风格的典范，是最大的哥特式教堂之一，以其 5 座大殿及开在正立面的 5 座正门闻名于世。侧廊的高度很好地表现了哥特式教堂直插云天的特点。

亚眠大教堂。它的主体部分建造于 13 世纪，正立面饰满著名的雕塑群（"亚眠圣经"），以其巨大的规模与美观的正立面相得益彰而闻名于世。最近在玫瑰窗与正门上安装的照明设施勉强能够再现日光和火把照耀下的彩色雕像及建筑、雕塑光景的辉煌。作为理性与哥特式审美的结晶，亚眠大教堂总是能与大自然完美融合。

术史家欧文·帕诺夫斯基曾强调过主教座堂的哥特式风格与经院哲学思想的关联性。主教座堂迄今仍然是欧洲的一个思想特点——信仰与理性相结合的主要表现。还应该指出，这段时期也是基督教徒数量大增的一个时期，尤其得益于农业的发展及剩余农产品的商品化。贝玑在赞颂沙特尔大教堂时，关于主教座堂说过很有道理的一句话："（大教堂）是永远不会消亡的小麦捆。"美国艺术史家亨利·克劳斯打破了主教座堂没有花钱，是由中世纪的信徒通过捐物出力修建的这一幻想，用他的话说就是"金子才是建造主教座堂的灰泥"。

哥特式风格使主教座堂能够更好地展现各个建筑部分深刻的含义。大门就是如此，尤其是建筑物西立面的正门。前廊，也就是主教座堂的大门，最早的有代表性的一座是建于 12 世纪的圣地亚哥-德孔波斯特拉大教堂的荣耀之门。大门的形象能够使人想起耶稣基督的福音宣言"我就是门"（Ego sum janua），这句话意味着世人要凭借对上帝的虔诚来进入天堂。主教座堂的末世论观点也是这样而得到体现的，我们可以从一个建筑元素中发现这种象征，那就是苦路曲径（迷宫）。不幸的是，由于中世纪之后的教士的无知，除了沙特尔大教堂的迷宫之外，这种建筑元素已经消失了。哥特式大门还使得雕塑完全走出了主教座堂。雕塑显现在主教座堂的大门上，在信徒的一片赞颂与感动之中，雕塑不仅可以向他们呈现犹大和以色列王国的国王（在巴黎圣母院，他们曾被误认为是法国国王的雕像，因此在大革命中被破坏和砍头，砍掉的脑袋于 1977 年在巴黎的一栋大楼里被发现）的形象，还可以呈现基督教中历史终结的画面——最后的审判。

在人们最近热衷于讨论的诸多问题中，我们需要关注大教堂的色彩问题。阿兰·厄兰德-勃兰登堡的著名论文《在大教堂漆色仍在时》（*Quand les cathédrales étaient peintes*）指出，今天的主教座堂的内外面貌都已不复当年了。但是在主张修复教堂颜色的狂热拥护者制作饱受争议的"声光表演"时，他们不应忘记，主教座堂兼备雕塑、挂毯的色彩和神圣的白光的力量，前者在后者的映衬下得到了完美的展现。

乔治·杜比在他后来被改编成精美的电视影片的主要作品《大教堂时代》（*Le Temps des cathédrales*）中明确界定了哥特式主教座堂所处的伟大时期，即 1130 到 1280 年。用他的话来说，这段时期"欧洲文明的视野发生了根本的改变"。这段时期以疯狂地争相建造更大、更高的主教座堂为时代印记，这正是让·然佩尔所说的"创世界纪录的精神"。主教座堂可以说是 20 世纪在"创世界纪录的精神"驱动下修建的摩天大楼的中世纪典范。最大的主教座堂是亚眠大教堂，面积 7 700 平方米，从 1220 年修建到 1269 年；巴黎圣母院，始建于 1163 年，拱顶高度 35 米；沙特尔圣母大教堂从 1195 年开始重建，高达 36.5 米；兰斯大教堂建于 1212 年，高达 38 米；亚眠圣母大教堂建于 1221 年，高达 42 米。这种过度的竞争导致了一系列灾难。特鲁瓦大教堂的拱顶于 1228 年坍塌，桑斯大教堂的塔楼于 1267 年倒塌，还有标志性的灾难事件，即博韦大教堂的高达 48 米的世界上最高的穹顶于 1284 年坍塌。

这段时期，建造哥特式主教座堂的活动在法国，更精确地说在法兰西岛尤其

圣地亚哥－德孔波斯特拉大教堂的荣耀之门。除了装饰华丽的正立面，圣地亚哥－德孔波斯特拉大教堂还保留着12世纪的罗曼式风格。荣耀之门突显了耶稣基督所说的"我就是门"这句话的含义。对于朝圣者来说，这一长长的朝觐之旅的终点代表着在使徒雅各的庇护下获得灵魂得救的荣耀。

兴盛，以至于我们有时称这种活动为"法兰西艺术"。某些大型的法国主教座堂实际上确实成了法国南方或其他欧洲地区教堂的范例。1174年大火之后，坎特伯雷大教堂从桑斯大教堂汲取灵感；自1220年起，布尔戈斯大教堂模仿布尔日的大教堂建造了5座中殿；1248年开始修建的科隆大教堂以亚眠和博韦的大教堂为范例修建。1268年，在纳博讷，曾经担任过该地大主教的教皇克雷芒四世公开表示希望该地的主教座堂能够"模仿"法兰西王国北方地区的主教座堂样式。重要的是，主教座堂很快覆盖了整个欧洲。在斯堪的纳维亚地区，如果说瑞典修建于12世纪的隆德大教堂仍是罗曼式的，那么丹麦的国家级主教座堂罗斯基勒大教堂则已经从罗曼式向哥特式过渡了。和14世纪查理四世皇帝统治下的布拉格拥有一位法国设计师一样，建于14世纪的哥特式格涅兹诺大教堂也成为波兰的国家级主教座堂，而西班牙南部的基督教徒则将塞维利亚大教堂与令人惊叹的伊斯兰式钟楼——希拉尔达结合在一起。

14世纪的危机切断了许多主教座堂的经济来源，以致欧洲大地上留下了许多未竣工的教堂，这些用来怀旧的废墟象征着无疾而终的伟大梦想，比如纳博讷大教堂、锡耶纳大教堂和米兰大教堂。当米兰人想要在14世纪中期完成米兰大教堂的建设时，这项工程成为争论的焦点。作为工程建设的技术人员，伦巴第建筑工人和法国设计师分别持专业技术和数学科学各不相让，这是传统手艺与大学知识之间的争锋。米兰大教堂直到19世纪才竣工，但是这场具有普遍意义的争论却作为这些无与伦比的主教座堂提出的问题的代表而载入史册。[2]

在追溯主教座堂在15世纪之后的历史沿革之前，需要指出，"主教座堂"这个词在今天已经成为一个普通名词，指规模巨大、荷载超常的建筑物。这个词甚至还可以用于中世纪某些思想与文学艺术的建构。欧文·帕诺夫斯基从托马斯·阿奎那的《神学大全》中看到了经院哲学式的主教座堂，乔治·杜比把但丁的《神曲》"看作一座主教座堂，而且是最后一座"。

16世纪非但没有新的主教座堂开工，原有的教堂还受到新教徒的破坏，而主教座堂的哥特式风格最终幸存了下来。例如，1588年被新教徒毁坏的奥尔良大教堂后来以哥特式风格重建。另一方面，特伦托会议发起恢复平信徒在主教座堂中的参与度的运动，并停止教堂外围设施的改建和增建，使信徒不再被限制在中殿末端。反宗教改革运动中的主教座堂倾向于在空间和结构上展现自身最具社会性

米兰大教堂。大部分欧洲国家都有主教座堂，而它的魅力历久弥新。米兰大教堂修建较晚，始建于14、15世纪伦巴第建筑工人的传统技艺同法国建筑师的交锋之中，在拿破仑的命令下于19世纪初根据设计草图完工，所以我们看不到某些中世纪哥特式主教座堂的明显特点。

和象征性的特点，即一个给所有人——上至主教，下至平信徒——表达虔诚与感动的场所。因此，到19世纪初，除了欧什和阿尔比大教堂之外，其他主教座堂中起分隔作用的祭廊已全部拆除。我们前面已经提到，由于奉行"理性主义"的主教和议事司铎们面对这些充满意象的古迹所表现出的冷淡，18世纪对主教座堂来说是一段充满考验的时期。白色的石灰将原来的色彩覆盖，彩色玻璃也换成了毛玻璃板，苦路曲径也被拆毁。但是大革命才是主教座堂要面临的最大考验。由于主教座堂与王权的关系，它们积累的大量的圣物，以及信仰和理性之间的链条断裂，它们成为革命者的打击目标。在巴黎，主教座堂被更名为理性圣殿，在斯特拉斯堡则变成了自然神殿。不过，除了极少数例外情况，几乎没有被完全破坏的主教座堂。

为了使行政区和教区相吻合，法国大革命重拾了君士坦丁在4世纪的政策原则，因此教区的划分和新的省份一致。主教座堂的数量缩减到83座。拿破仑又将教区缩减到52个，如此他便可以更好地监督各主教，他想要将他们变为臣服于他的高级公务员，下达命令时称呼"我的将军们，我的省长们，我的主教们"。

波旁王朝复辟后重建了83个教区。大革命一结束，主教座堂便卷入了新一轮的象征符号的浪潮。它成为浪漫派的重要传说之一，夏多布里昂曾为它歌颂，尤其是将教堂结构中的石材"还原"为原始的树木，为主教座堂赋予了高卢森林的神圣起源。浪漫主义将主教座堂比作森林的隐喻流传至今。波德莱尔将高声吟唱："森林，你像大教堂一般让我恐惧。"

主教座堂复兴的伟大时刻得益于维克多·雨果的小说《巴黎圣母院》（*Notre-Dame de Paris*）。沿着浪漫主义的航迹，19世纪末，尤其在法国，主教座堂的神话蓬勃发展。魏尔伦高呼：

在十字架独特的疯狂的指引下，
在你的石之翼上，哦疯狂的大教堂。

受罗斯金的启发，于斯曼在他的小说《大教堂》（*La Cathédrale*，1898）中塑造了一座象征主义的主教座堂。康斯特布尔和弗里德里希画了许多浪漫主义风格的主教座堂之后，莫奈创作了他的印象派主教座堂——一整天中不同光线和色彩下的鲁昂大教堂，克劳德·德彪西则创作出钢琴曲《沉没的大教堂》(*La Cathédrale engloutie*)。

同时，19世纪还出现了另外两股重要的思潮，使主教座堂更加富有吸引力。在德国，浪漫主义的出现使日耳曼传统、政治权力和教堂的哥特式艺术之间的联系越来越密切，最重要的表现是1824到1880年间科隆大教堂的建造，由德皇威廉一世宣告竣工。另外一种思潮存在于对待历史的全新激情以及全面复兴过去的努力中，米什莱称之为主教座堂的"科学的"修复工作。这种理念及其应用以巴黎圣母院的修复为代表。先驱建筑家维泰为古迹修复做好了准备工作，在《努瓦永大教堂专志》(*Monographie de l'église Notre-Dame de Noyon*，1847) 一书有关哥特式主教座堂的论述中，他非常看重"这种新型建筑物的兴起与发展和12世纪的社会变革之间的关系"。巴黎圣母院的伟大修复者维奥莱-勒-杜克于1856年在他的《法国建筑词典》(*Dictionnaire raisonné de l'architecture française*) 一书中响应了这个理念："在12世纪末，主教座堂的建造是一种需要，因为这象征着对封建王权的鲜明反抗。"维奥莱-勒-杜克还认为："在我看来，12和13世纪的主教座堂是法国民族主义的象征，是为了走向统一而进行的最有力的尝试。"

主教座堂对19世纪来说是伟大的古迹，人们因历史而激动，因民族主义而狂热，因民主思想而亢奋。19世纪末20世纪初围绕世俗化而产生的矛盾同样存在于著名作家和艺术家对待主教座堂的态度中。伟大的雕塑家罗丹曾在他的《法国大教堂》(*Les Cathédrales de France*，1914) 一书中表示，"主教座堂是一个国家的综合，我们整个法国都浓缩在主教座堂中"，他认为它们是永恒的；《追忆似水年华》(*À la recherche du temps perdu*) 的作者普鲁斯特看到主教座堂也在消亡，因此他曾在1904年8月1日的《费加罗报》上发表过一篇绝望的文章——《大教堂之死》("La mort des cathédrales")。

然而，20世纪的人们远没有目睹主教座堂的消失，反而经历了一段教堂复兴而不是衰落的时期。既是信徒做礼拜的场所，又是游客表达感情的古迹，主教座堂在两者之间建构起一种平衡。一次戏剧上的巨大成功证明主教座堂作为特殊的传说之地的永恒性。坎特伯雷大主教托马斯·贝克特于1170年在自己的主教座堂中被英王亨利二世指使的人刺杀。1935年，著名的美裔英国诗人T. S. 艾略特将该事件作为他的戏剧《大教堂中的谋杀》(*Murder in the Cathedral*) 的主题，轰

德意志画家卡斯帕·达维德·弗里德里希（1774—1840）的浪漫主义巨幅画作，绘于1818年，画中描绘了雄伟的哥特式主教座堂，它是浪漫主义意象世界中的代表作。这座雄伟的建筑物伴随着天使演奏的音乐急剧向上升腾。来源：格奥尔格·舍费尔收藏。

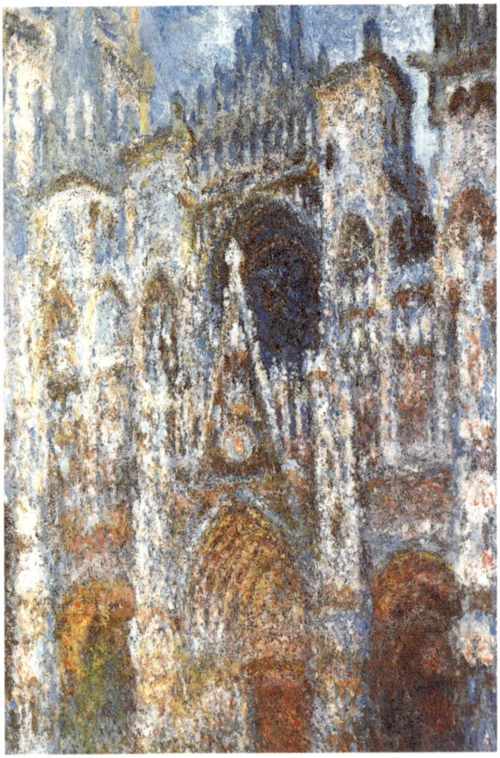
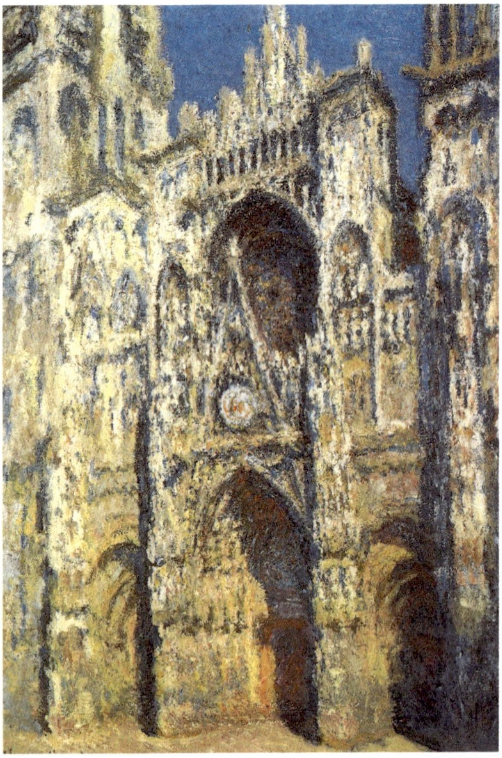
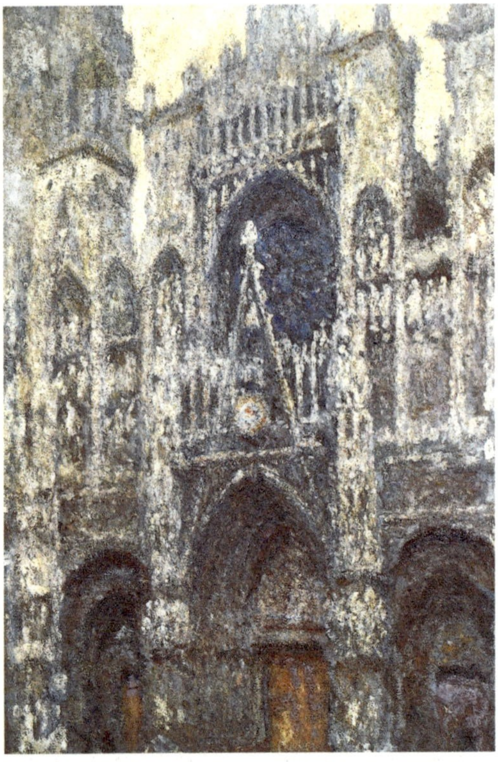
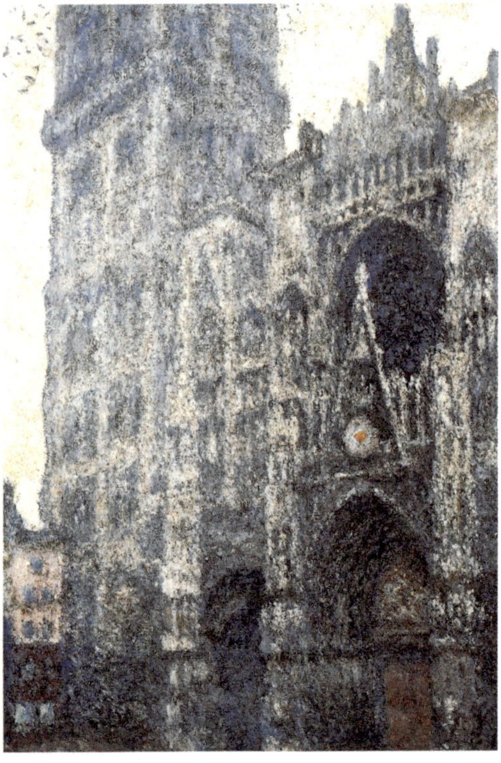

动了整个西方世界。

第二次梵蒂冈大公会议赋予主教座堂一个均衡的定义。最终，主教座堂历久弥新，内涵不断丰富。就像安德烈·沃谢借用皮埃尔·诺拉的话说，它已经成为一个"记忆之场"。根据罗兰·雷希特的观点，如果从信仰与观看的关系来看，它便是一个"视觉体系"。主教座堂仍然是一个有魔力又迷人的地方。

印象派的主教座堂。自1892到1904年，克劳德·莫奈根据印象主义绘画的新理论和新技巧，一直在描绘中世纪的人们眼中从黎明到黄昏在不同的光线照耀下的主教座堂正立面的形象。他绘画的对象是鲁昂大教堂，其正立面的建造可追溯到15世纪。这座教堂自中世纪以来一直滋养着意象世界，而莫奈的画作则是迄今为止以该教堂为主题的最高水平的绘画作品。

左上图：沐浴在晨曦中的鲁昂大教堂，蓝色的和谐。来源：巴黎，奥赛博物馆。
右上图：鲁昂大教堂，大门与圣罗曼塔楼，阳光充足，蓝色和金色的和谐。来源：巴黎，奥赛博物馆。
左下图：鲁昂大教堂，阴天，灰色的和谐。来源：巴黎，奥赛博物馆。
右下图：鲁昂大教堂的大门，阴天。来源：鲁昂，美术馆。

左图：两幅15世纪民族神话中的查理曼图像。

上：法国国王查理曼（身着不符合时代的百合花纹饰的披风，手执权杖，头戴王冠）正派遣使者前往帝国各处。他们就是著名的由领主派遣的钦差，是通过中央集权加强帝国统一的工具。

下：800年，查理曼在罗马圣彼得大教堂由教皇利奥三世加冕。不管是自愿还是被迫，这都显示出他的一种重建古罗马辉煌的雄心。来源：《法兰西大编年史》手稿中的细密画，1450，沙托鲁图书馆。

右图：查理曼之梦。该图是《罗兰之歌》中一幅查理曼的画像，图中查理曼保持着中世纪受神灵启示的沉思者一贯的姿势。来源：《法兰西大编年史》手稿中的细密画，14世纪，卡斯特尔图书馆。

查理曼

查理曼是一位历史人物，是中世纪的历史与意象的伟大见证人，他在生前就开始渐渐成为传说。

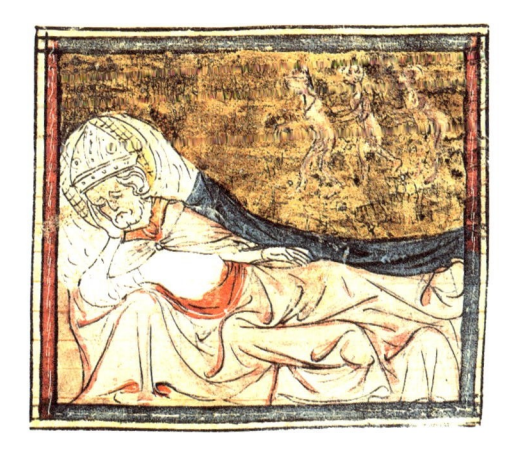

查理曼的生平（742—814）及统治（771—814）的一些特点，促进了查理曼向传说中的英雄形象演变，其主要事迹有：走向权力巅峰、发动各次战役和征服、接受皇帝加冕、为帝国颁布各项规章制度、大力发展文化事业，并在历史上形成被称为"加洛林文艺复兴"的辉煌。

查理是法兰克王国新的王朝的继承人，他的父亲是矮子丕平，弟弟卡洛曼于771年早逝。丕平两次加冕，第一次成为法兰克国王，754年由教皇斯蒂芬二世再次加冕。

首先，查理曼像中世纪的大多数英雄一样，是一位战士。他发起的军事行动、取得的胜利、征服的地区的数量及影响力足以让时人感到震撼。他的主要敌人是日耳曼人的一支——萨克森人，他对他们极其残忍，处死了不计其数的俘虏，即便当时最仰慕他的人也大为震惊。向东，他打击并征服了巴伐利亚人、阿瓦尔人和意大利的伦巴第人，这使他扮演起了教皇保护者的角色。他还在这个巨大的王国周围设立了很多缓冲区，这些非线性的边界被称为"边境地区"，在日耳曼语中被称作"Mark"，在法语中叫作"marches"。边境地区的建立主要是为了防御斯堪的纳维亚人、斯拉夫人、布列塔尼人和西班牙北部的民族。800年的圣诞节，查理曼在罗马从教皇利奥三世手中接过皇冠，这是西方世界自5世纪末以来的第一次。加冕仪式是在圣彼得大教堂举行的，而不是罗马总主教的主教座堂拉特朗圣若望大殿。这也正是为什么查理曼的形象在整个中世纪时期都处于一种模糊的状态。查理曼像亚瑟一样，实质上是一位国王，法兰克人的国王，但是皇帝的头衔以及在罗马进行加冕礼的仪式使他成了一个特殊的人物——试图利用重回古罗马时期和罗马帝国的荣耀来显示他相对于其他基督教国王的优越性。他既是国王，又是皇帝，这种暧昧之处既是他的优势，也是他的弱点。如果说双重身份使查理曼的地位肯定高于国王（其他中世纪皇帝亦然），那么它也使他远离了国王的身份——中世纪最特殊、最高的政治权力形式。在国王与皇帝身份之间的游移不定也是加洛林这座大厦瞬息即倾的主要原因之一。欧洲的历史进程向着建构现代国家，而不是帝国统治的方向发展。在查理曼的庇护下，皇帝们被迫建立一个混合的政治体，即日耳曼民族的神圣罗马帝国，它必须同时兼顾日耳曼民族特点的重要性和罗马加冕礼的诱惑力。

但是直到最近，查理曼的传说尤其在继承了其帝国的国家内部流传。在他仍

作为征服者和战士的查理曼。他头戴王冠，率领骑兵团进入由步兵防守的西班牙。自12世纪起，查理曼被想象为十字军战士，图中的军旗让我们联想到中世纪是一种纹章的文明。来源：手抄本、14世纪、威尼斯、马尔恰纳图书馆。

活着的时代，查理曼就开始戴上传说的光环，分别体现在以下三个领域中：疆域上，其帝国的幅员出奇地辽阔；制度上，尤其是制定了得以在整个帝国推行的法律——查理曼敕令，还设置了代表国王巡视的官吏——钦差（missi dominici）；文化上，他兴建了学校来培养教士和贵族的子孙，这一原本次要的手段在后来却有着相当神奇的重要性。查理曼在他死后也就是9世纪才获得"大帝"（magnus）的称号，但是这已经够快了。这个称号和他的名字查理连在一起才最终出现"查理曼"这个名号。就在这历史与传说的过渡期间，一位跟他很熟，尤其了解他的晚年生活的法兰克贵族艾因哈德于约840年撰写了一本传记《查理大帝传》（*Vie de Charlemagne*）。艾因哈德力图赋予他的人物以现实的形象，但是他一来模仿罗马人苏维托尼乌斯的文学著作《罗马十二帝王传》（*Vie des douze Césars*）的笔法对其进行文学加工，二来他也有着当时人们共有的法兰克王国的爱国精神。艾因哈德模仿古罗马的范本，描绘了查理曼的样貌，这一形象后来也成为查理曼在传说中的形象。查理曼的外貌首先便会令人印象深刻，而且让人越来越惊叹。皇帝有着帅气的外表，身高近2米，"头顶呈圆形，眼睛大而敏锐，鼻子稍微比常人大一些，他有一头好看的白发，面庞显得快活和欢乐"。但是，据艾因哈德记载，他

使穆斯林和平改宗的查理曼。自13世纪起，十字军便在意识形态领域开始主动地退出历史舞台，取而代之的是基督徒的传教活动。来源：《法兰西大编年史》手稿中的细密画，14世纪，ms 880, fol. 1340 v°，里昂图书馆。

的脖子又胖又短，肚子特别大，嗓音并不洪亮。这些描写的特征中，只有高大的身材这一点在后来对他遗骨的挖掘中能得到证明。

根据克劳迪奥·莱奥纳尔迪的精妙分析，就算查理的身份是日耳曼人，就算他企图占罗马的传统为己有，艾因哈德的《查理大帝传》使我们明白，从一开始到最后，用维奈的话说，"这位国王从头到脚都是法兰克式的"。像其他英雄——尤其是中世纪的英雄一般，查理曼一方面和某些地点关系紧密，另一方面和他坟墓的联系也很紧密。中世纪对重要的英雄、圣人和国王的崇拜通常都是从他们的坟墓开始的，并围绕着坟墓发展起来。与查理曼相关的地点，首先是与800年的加冕礼相关的罗马城，接下来这位到处打仗的国王在他所征服的萨克森地区，尤其是帕德博恩待了一些时日，之后，他打算选一个合适的城市建都，最后他选定都亚琛。亚琛是查理曼生前树立其形象，死后为其传说服务的巨大工程聚集地。巨大的礼堂和八角形的礼拜堂分别位于两条长廊的两端，两条长廊围绕着有着家庭和国家管理双重功能的王宫（皇宫）。亚琛是唯一一个中世纪英雄的首都，但是这座首都很快便衰落了。它不再是帝都所在地，只为即将成为新皇帝的日耳曼国王加冕而服务，这个功用一直延续到16世纪初。自查理五世于1520年、斐迪南一世于1531年在此加冕之后，法兰克福代替亚琛成为皇帝加冕的新城市。人们近来目睹了亚琛的复兴。奥拉夫·布鲁诺·雷德的"精美书籍"《坟墓和统治》（*Grab und Herrschaft*，2003）中讲述了查理曼的坟墓的演变。查理曼尸骨的诱惑力是那么不可抗拒，似乎能够赋予挖掘者一种额外的力量，以至于我们发现他的坟墓被多次挖掘：在1000年可能有一次，在1165年肯定有一次，在20世纪有多次，最后一次在1998年。1000年的挖掘在皇帝奥托三世的命令下进行，他想要隆重地展示查理曼对奥托王朝的庇护，但是挖掘过程肯定不像诺瓦勒萨的编年史家在约1030年叙述的那样：

> 我们进入墓穴中，来到查理面前。他不像惯例中其他尸体那样平躺着，而是坐着，像活着一般，坐在宝座上。他头戴金色皇冠，手持权杖，手套被长长的指甲穿破。石头和大理石做的华盖在宝座上方高高举着，我们必须打碎一部分才能进去。
>
> 当我们进去时，气味很刺鼻。我们双膝跪地向他表示尊敬。奥托皇帝立

刻给他披上几件白衣服，为他剪了指甲，将其周围乱七八糟的东西收拾妥帖。腐烂并没有影响到他的身体，只有鼻子少了一部分，皇帝立即在尸体的鼻子上盖上一层金箔。他从尸体口中取了一枚牙齿，然后命人修复好华盖，最后出去了。

如果说坟墓开启之事可能有之，这很符合奥托三世的神秘趣味，也符合1000年的认知感受，但是查理曼的尸体肯定不可能坐在墓中。[1]这种形式不会被教会接受，这个故事也只是为了突出王室英雄的御用器物（regalia）的重要性。除了宝剑——查理曼的宝剑是咎瓦尤斯，还有皇冠和这里提到的宝座。但是，即使查理曼的遗体可以被用来强化英雄形象的魅力，死亡和尸骨却最先让我们想到，即便英雄也难逃一死。查理曼之墓被挖掘一事其实是要通过尸骨来证明，王室英雄的重生也像其他英雄一样需要等待世界末日的信号。另外，如亚瑟一般，人们还发现了查理曼的另一个特点：他们都有着自己的弱点，他们并不是圣人。查理曼死后不久，人们就开始谈论他的罪孽。查理曼知道如何借助教会来掩盖自己多次休妻的罪行，这表明法兰克国王还是一夫多妻的。皇帝对他的女儿们极其疼爱，因此很早人们就开始猜测他有乱伦的嫌疑。正如我们所看到的那样，这种怀疑和王室英雄联系起来再自然不过了。查理曼所犯的罪孽是和自己的姐姐乱伦，生下罗兰。就这样，中世纪将家庭成员和优秀骑士围绕在王室英雄周围的习惯手法通过查理曼再次得到体现。在这个神奇的组合中，我们将会在查理曼身边看到他的外甥罗兰，还有廷臣和勇士，中世纪的骑士英雄就这样在孤独与有一定组织的环境——家庭与宫廷中演变。

1165年，"红胡子"腓特烈一世下令在亚琛开启查理曼的坟墓，此事引起了一定的反响，我们有必要在此驻足说明一下。以下是1166年1月8日的皇帝诏书中对此次挖掘的介绍：

……朕怀着对神圣皇帝文治武功的敬仰，加之受到朕的好友英格兰国王亨利的方法的鼓舞，在得到教皇帕斯加尔的准许与认可后，在所有的教会与世俗的领主的建议下，为提高神圣皇帝的地位、献上赞美、为其封圣，朕特于圣诞节在亚琛召开了一次盛大的御前会议。该地埋藏有神圣皇帝遗体，以

查理曼　37

避敌人窥伺，幸得上帝启示，朕得以在此发现。借耶稣基督的赞美和荣耀，为帝国永固，为朕爱妃贝亚特丽斯皇后、皇子腓特烈及亨利的救赎，在诸王公贵族的通力合作之下，在无数教士与民众的参与之下，在一片圣歌礼赞的乐曲中，朕心怀虔诚敬意，已于12月29日为其献上崇敬和赞美。[2]

在查理曼神话的历史中，1165年在亚琛举行的典礼是一个大事件，标志着皇帝不甚安稳地进入了圣徒的行列。在引文中，"红胡子"腓特烈细细描述了做这些决定的背景。文中提到的英王亨利二世曾努力地让教皇亚历山大三世给盎格鲁-撒克逊国王忏悔者爱德华封圣。文中还提到教皇帕斯加尔三世，封圣查理曼的权

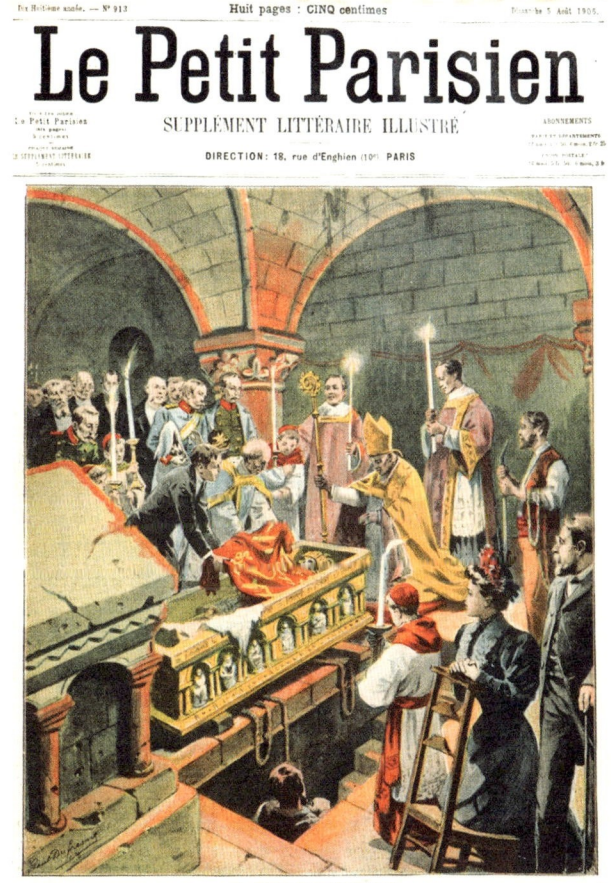

毫无疑问，查理曼的坟墓可能是自中世纪到现在为止被挖掘次数最多的。他的尸骨使挖墓成了可以理解的事，并使人了解著名人物的遗体拥有多么大的诱惑力。这是1908年8月的法国大众报纸《小巴黎人报》，其插图文学副刊报道了当时最近一次在亚琛对查理曼石棺的开启，其时，德国皇帝威廉二世在场。

浪漫主义风格的查理曼。查理曼统治着中世纪所有具有象征价值的城市和地区。这里是他率领军队进入巴黎的画面。来源：尤里乌斯·施诺尔·冯·卡洛尔斯费尔德的壁画，1826，罗马，马西莫别馆。

力正常来说应该在他的手中，但是"红胡子"腓特烈不仅想要确认一下自己在封圣方面的权力，他还知道帕斯加尔三世是在他的干预下当选为教皇的，实际不具备足够的威信来按照教规封圣。后续的发展果不其然。帕斯加尔三世当时被视为伪教皇，教会逐渐正式将封圣的权力收归教廷所有，它并不承认查理曼的圣徒地位。有趣的是，这个圣徒的称号留在了查理曼的民间传说的创作边缘，正如我们将会看到的，大帝在19世纪末变成学生的主保圣人，因此学校会有庆祝圣查理曼节*，世俗学校也包括在内，尤其是在法国，每年1月28日一场用来宴请综合性竞赛**的获奖者的盛宴成为圣查理曼节不成文的传统。

整个中世纪时期，查理曼的传说都在不断发展。查理曼传说不断被接受和

---

* 学校每年在1月28日庆祝的节日，用以纪念查理曼兴办学校的伟大功绩，由路易十一创立。
** 创办于1747年，参加对象为高二、高三的在校学生及各行业学徒。

在一处中世纪不知名的山雪相映的荒野中,浪漫主义风格的查理曼正穿越阿尔卑斯山前往罗马。他骑着一匹白马,走在连接意大利和北方基督教国家的道路上。大自然远比他有力量,但还是放这位大自然的征服者通行了。来源:伊波利特·勒孔特(1781—1857)作,枫丹白露宫,狄安娜壁画长廊。

丰富的地区主要是法国、德意志和意大利，它们也是继承加洛林王朝疆域的三个主要国家。法德两国甚至在发展本国的民族意识的过程中卷入了一场争取查理曼庇护的决斗。然而查理曼的传说早已超越了基督教国家这一中心地域，它侵入斯拉夫民族的词汇中，尤其是在俄罗斯人和波兰人中成为国王的统称：kral、korol、král、krol*。这也再次证明查理曼的国王身份的影响力要远远大于他的皇帝身份。另外一个有趣的联系是，查理曼的传说还延伸到十字军的世界中。查理曼从 11 世纪末一直到 13 世纪都是基督教十字军冒险的一位首领和守护者。《罗兰之歌》、《查理曼的耶路撒冷和君士坦丁堡朝圣之旅》(*Le Pèlerinage de Charlemagne à Jérusalem et à Constantinople*) 等成功的文学作品对此有着十分重大的作用。查理曼是一个传说中的基督教国家的英雄，却走出了纯基督教的范围：他进入了西班牙，进入了拜占庭世界，还进入了信仰伊斯兰教的巴勒斯坦。

查理曼的传说甚至进入了斯堪的纳维亚人的世界中。在 12 到 13 世纪期间，具体年代不详，可能是在挪威国王哈康四世的命令下，一部关于查理曼的古诺尔斯语萨迦**出现了。《查理曼萨迦》(*Saga de Charlemagne*) 分为十个部分：第一部分追溯了查理曼的生平；第三部分加上了英雄丹麦人俄吉的故事；第七部分讲述了查理曼的耶路撒冷和君士坦丁堡之旅；第八部分描述了奥雷亚加之战；第十部分，也是全书的最后一部分，围绕查理曼和他的死亡搜集了各种奇迹和符号。

在此期间，查理曼的容貌特征发生了改变。艾因哈德笔下的英雄形象，即使在他的暮年，仍然强壮有力，没有胡子。但是不知道从什么时候起，查理曼变成一位"白胡子皇帝"。想必是艾因哈德描绘的肖像中的一头白发随着潮流的演变而带动了白色胡子的出现，这也许可以和耶稣容貌的改变相类比。在《罗兰之歌》中，查理曼的下巴长有白胡子，他经常在痛苦和气馁的时候用手抚摸白胡子。在德意志，丢勒在 1512 年为纽伦堡的圣物室画了巨幅正面端坐像，查理曼的形象定型——白胡子大帝，如果说传奇皇帝的形象的影响力随着该作品的诞生而达到

---

* 人名，依次为克拉尔、科罗尔、克拉尔、克罗尔。
** 古诺尔斯语，日耳曼语族的一个分支，在维京时期至 1300 年左右，通行于斯堪的纳维亚居民以及海外殖民地。现代丹麦语、冰岛语、挪威语、瑞典语从中产生。萨迦（saga）意为"传说"，指 12—13 世纪斯堪的纳维亚文学中用来书写英雄传奇类故事的散文体叙事诗。

顶峰，那么查理曼的传说在随后一段时间的沉寂之后，又随着 19 世纪浪漫主义及普鲁士各政治团体的出现而扮演起重要的角色。

在法国，我们无疑可以随着罗贝尔·莫里西一起更好地追溯白胡子皇帝的传说的演变。12 世纪，查理曼的地位在伪托的《蒂尔潘编年史》（*Pseudo-Turpin Chronicle*）一书中得到确定，卡佩王朝努力和传说中作为国王的查理曼攀上关系，这就是所说的"回归查理家族"（redditus ad stirpem Karoli）。这个目标被腓力·奥古斯都实现了。一方面，他迎娶了埃诺的伊莎贝尔——声称有加洛林血统的佛兰德斯伯爵博杜安五世之女；另一方面，圣马塞尔的议事司铎巴黎的吉勒于 1195 到 1196 年为腓力·奥古斯都的年轻儿子、未来的路易八世写了一首长诗《加洛林努斯》（*Carolinus*），其中他将查理曼作为后者的榜样。

作为意象的现代载体，这张邮票描绘了一个长满胡子的查理曼形象。他头戴皇冠，冠上饰有十字架，他在此扮演学生的主保圣人的传奇角色。这张法国邮票发行于 2002 年，脸的形象来自茹费理。

15 到 20 世纪，查理曼曾几度沉寂，但是从未消失，他的传说在不同的时代都能强势复兴。15 世纪，诗人维庸证明了查理曼在法国意象世界中的稳固地位。他所创作的《昔日领主谣曲》（*Seigneurs du temps jadis*）的叠句便是："勇士查理曼今又何在？"勃艮第公爵"好人"菲利普三世在当时追求时髦的宫廷曾激情地吟唱《查理曼的征服》（*Chroniques et Conquêtes de Charlemagne*）。对查理曼的崇拜非常兴盛的时期是查理八世统治时期（1483—1498），他自称新查理曼，并将查理曼视为他对意大利的战争的守护神。人文主义时期描绘出一位有细微差别的查理曼，为了迎合革命趣味，各种作品中呈现给法国人的历史英雄越来越多的是古代英雄，更精确地说是古罗马英雄。艾蒂安·帕斯基埃在他的《法兰西研究》（*Recherches de la France*，1560）一书中将查理曼去神圣化。古典主义时

查理曼作为学校的主保圣人的德意志版本。爱德华·齐尔（1856—1924）的这张有名的插图将查理曼表现为一位严厉的学校督察，他正将一顶驴耳朵帽——19世纪的发明——戴在一位淘气的学生头上。在欧洲普及教育的大背景下，大帝作为知识保护者的中世纪形象在19世纪下半叶普及开来。

期的历史学家又塑造出一位专制主义的查理曼，这预示着太阳王的到来。伏尔泰把查理曼看作一位毫无英雄品格的反英雄，并在法国国王神话中用亨利四世代替了他。

查理曼复兴的其中一个重要时期无疑是拿破仑时期。拿破仑甚至亲身参与到其中，他游历亚琛，仿照查理曼的加冕礼设想自己的加冕仪式，他迫使教皇服从于他，甚至要更加削弱教皇的角色，典礼没有在罗马举行，而是在巴黎圣母院。作为法国人的皇帝，他要亲自把皇冠戴在头上，而不是像查理曼一样可能是由利奥三世加冕的。浪漫主义的兴盛裹挟了查理曼，维克多·雨果发现英雄传说中坟墓的象征意义，在他的戏剧《欧那尼》(*Hernani*，1830)中，未来的皇帝查理五世跪倒在查理曼的墓前：

查理曼！是你！

哦！既然上帝扫清了一切阻碍，

让我们两位君主面对面，

那就请你从墓地深处，灌注到我的心中，

那些伟大、崇高、壮丽的东西吧！

哦！让我看到它的每一面，

向我展现出世界何其渺小，因为我不敢

触碰它……

教给我你胜利和统治的秘诀，

告诉我惩罚胜于原谅！

难道不是吗？……

哦！告诉我，在查理曼之后我们还能够做什么！

  自19世纪下半叶起，查理曼的传说开始沉寂，只在一个领域取得了令人惊讶的重要地位：查理曼不再是学生的圣人，他现在变成了学校世俗化的守护者。他拜访学校，俨然一个非常关心国家教育的督学形象，他成了中世纪的茹费理。最终，二战之后，查理曼随着欧洲一体化的建设重生。正当史学家们热烈地讨论查理曼算不算是第一位伟大的"欧洲人"之时，不招电影和电视喜欢的查理曼成为法德两国和解的象征，成了欧洲的守护神。[3] 精明的亚琛市政府在二战后创立了"查理曼奖"，不仅用以表彰促进欧洲一体化建设的伟人，如让·莫内、罗伯特·舒曼、战后首任联邦德国总理阿登纳，还颁给过来自铁幕另一边的欧洲重要人物，比如捷克人瓦茨拉夫·哈韦尔和波兰人盖雷梅克，甚至还颁给美国政要，比如欧洲的保护者比尔·克林顿。作为沉寂过、复苏过、继续在意象的历史中发挥作用的神话式历史英雄，查理曼是一个很好的例子。

左图：西班牙城堡。西班牙长期以来都是内部纷争和基督教徒与穆斯林冲突的目标，也是骑士与传教士的梦想之地，更是孕育想象中的城堡的卓越之地。该图几乎没有保留理想化的塔楼，也没有神话中的吊桥，它代表着防御城堡从军事用途的阶段逐渐向豪华、娱乐、充满柔情蜜意的住所演变的过渡时期的记忆。来源：佚名，约1450，马德里，普拉多博物馆。

右图：作为边境氏族小领主所在的地区，布列塔尼是法兰西人和布列塔尼人、法兰西人和英格兰人持续斗争的关键，也是孕育防御城堡的土地。这份皮埃尔·勒博编纂的《布列塔尼编年史》中的细密画展现了布列塔尼继承战争（1341—1381）中1373年的德尔瓦尔之围。来源：Ms fr. 8266, fol. 281，约1475，巴黎，法国国家图书馆。

防御城堡

能够在中世纪社会和欧洲文明中成为神话角色的城堡是防御城堡。

『防御城堡』这个词在1835年浪漫主义对中世纪意象的复兴中方才出现。

现代法国学校教材中的插图。表现了奥弗涅地区的高特勒农防御城堡，出自纪尧姆·雷维尔为波旁公爵所画的纹章图集。城堡和它的礼拜堂俯视着整个小城的普通房屋，它是中世纪城市化的一个组成部分。来源：纪尧姆·雷维尔，《波旁公爵纹章图集》，15世纪，巴黎，法国国家图书馆。

  自中世纪以来，防御城堡有时会和宫殿混淆，但我们还是需要将它们在现实与神话的历史中小心地区别开来。宫殿有两个非同寻常的特点使其不同于防御城堡。首先，宫殿本质上是国王的住所，至少也是王公的住处，而防御城堡则是一个简单的领主宅邸，当然国王也可以作为领主来建造防御城堡。城堡的最基本的两个功能是军事和住宅功能，主要是第二个功能使其和宫殿类似，而第一个则构成防御城堡的主要特征。

  防御城堡与封建制度紧密相关，它的形象在欧洲的意象世界中经常出现，这表明，从10世纪开始到法国大革命为止的封建时代与封建体制，一直是欧洲物质、社会和象征现实的基础。整体而言，我们可以找出防御城堡缓慢但是一直持续的演变历史，以及从堡垒到住宅的角色变迁。防御城堡和军事活动密切相关，14至15世纪的技术革命——炮的诞生引发了它的决定性变革。防御城堡的墙完全抵御不了大炮的攻击，城堡因此成了遗产、象征和废墟，蕴含着满满的怀旧之感。但是，对于我们感兴趣的漫长的中世纪时期来说，我们可以用一个很合适的词语来形容防御城堡：可居住的堡垒。

防御城堡最先在 10 至 12 世纪出现时主要有两种形式：在欧洲北部，以塔楼和简单住所的形式存在，建立在自然或人工形成的山岗上并筑有防御工事，即土岗城堡；在欧洲南部，最初的城堡通常矗立在自然形成的岩石高地上，即岩岗城堡。跟我们有时认为的不同，土岗城堡和岩岗城堡都绝非木材建造的，防御城堡从一开始便用石头建造，跟主教座堂一样，它是中世纪回归石材、推广石材这一趋势的见证。通常来说，城堡跟修道院一样，与周围的自然环境分不开。城堡使封建制度牢牢扎根在土地中。主教座堂统治着整座城市，也融入城市中，仅仅在浪漫主义意象将其视作一座森林时，才让人联想到它与自然的关系。而城堡则不同，即使在欧洲的某些地区，如诺曼底（卡昂）、佛兰德斯（根特），尤其是意大利，城堡建造在城市中，但与乡村、大自然相结合仍然是大部分城堡的特点。在欧洲的现实与意象世界中，它是住宅和封建制度在空间网络上的牢固统一体。

土岗城堡的发展在 11 和 12 世纪带动了堡垒的修建，这些建造活动将使堡

今天多尔多涅省卡斯泰尔诺拉沙佩尔的防御城堡和乡村。在此我们可以发现城堡一系列的突出特点：厚壁高墙、城堡主塔、塔楼和乡村。

垒的一种特殊形式永存于欧洲意象天地之中，那就是城堡主塔（donjon，源于 dominionem，即领主的处所），该词源确切地指出了防御城堡的本质——一个指挥中心。防御工事以及后来防御城堡的修建都是王室的特权，但是为领主的利益而逐步剥夺君主的特权正是封建体制的特点之一。最先接受君主委托的城堡的那些城堡主很快就将其据为己有。在乔治·杜比所称的"独立的领主特权"的时代，即11世纪初到12世纪中期这段时间之后，国王和王公重新夺回城堡的历史则构成了封建时代值得注意的长长的一幕。诺曼底公爵、英格兰国王、巴塞罗那伯爵和阿拉贡国王都轻易地从他们的贵族手中重新夺回了城堡支配权，但是卡佩王朝初期的几位国王在11—12世纪打击法兰西岛的城堡主的斗争可谓费时费力。

城堡可以说遍布在整个基督教国家，起初多出现在边境和存在冲突的地区。自10世纪起，在与伊斯兰世界相接的伊比利亚半岛上，加泰罗尼亚地区出现了数十座城堡（château），卡斯蒂利亚王国（Castille）因此而得名。随着封建制度的建立，各领地发展出了或是筑有防御工事的村镇，或是集中了领地全部或一部分居民的城堡。皮埃尔·图贝尔曾研究过拉齐奥地区的现象，他提出一个术语——"incastellamento"*，该词已经成为中世纪封建制度的词汇表中最引人注意的部分。11到16世纪，到处都在建设防御城堡，其中某些地区在这方面因为军事冲突或封建主的设置而显得尤为活跃。因此，一直被英格兰人觊觎的威尔士才会在13世纪遍布城堡。西班牙仍然是布满城堡的地区，收复失地运动中的基督教君主以现存或在建的城堡为奖赏，激励士兵前去征服这些地区和城堡，俗语"châteaux en Espagne"（直义为"西班牙城堡"，转义为"空中楼阁"）因此诞生，该词强化了城堡在基督教欧洲的梦想中的地位。

不管是在当时，还是在现当代的意象世界中，某些防御城堡的个性特点令人印象深刻。防御城堡虽不具备主教座堂的精神意义，却是权势的象征，树立起一个代表力量和威势的形象。例如，自12世纪开始的英法战争是基督教国家之间一次较大的冲突，12世纪末，英格兰的"狮心王"理查在战争期间在占领的法国土地上建造了盖亚尔城堡。它坐落于塞纳河的一个小岛上，这个地理位置充分体现了防御城堡与环境融为一体的壮观景象。

---

* 意大利术语，译为法语为"enchâtellement"，指中世纪城堡武装村镇并使其军事化的行为。

现存于厄尔省莱桑德利镇土地上的盖业尔城堡废墟。这座城堡由英格兰"狮心王"理查建于1196年，是中世纪的新生国家之间斗争的象征。1204年初，城堡被法国国王腓力·奥古斯都占领，这意味着法国重新从英格兰人手中夺回了诺曼底。城堡在某种意义上通常扮演着军事性、政治性和象征性的基本角色。亨利四世于1603年拆毁了该城堡。

蒙特城堡位于意大利南部的普利亚，由皇帝腓特烈二世建于 1240—1250 年间。该防御城堡外部为封建堡垒的样式，内部为豪华住宅的装饰，是阿拉伯和西多会哥特式建筑风格的融合，也是中世纪西方最令人印象深刻的城堡之一，体现出绚丽而复杂的个性。一座城堡可以看作是一位伟人的肖像画。

约 1240 年，德意志皇帝、西西里国王腓特烈二世在普利亚大区修建了蒙特城堡，腓特烈二世将其建为八边形建筑，建筑与装饰均是当时融合基督教和伊斯兰教鲜明建筑传统的代表。

人们通常习惯将昂盖朗三世伯爵建造于 1225 到 1245 年间的库西城堡视作中世纪防御城堡历史遗迹的典范。以下是一位考古学者对它的描述："这真的是那个时代令人惊艳的一座堡垒，它有着梯形的结构、四个角塔、跨坐在最长的立面上的巨大主塔，主塔完全与护墙脱离，一条深深的壕沟将其与外墙隔开。这等规模造就了非同一般的城堡，它墙厚 6 米，塔高 40 米，城堡主塔高达 55 米，直径达 31 米。"[1]

如果说自然环境中的城堡是封建时代防御城堡的绝佳典范，那么城市中的城堡也毫不逊色，留下了很多引人入胜的例子。在巴黎西岱岛上的王宫附近，卡佩王朝建设了后来很长一段时间都用来居住的城堡，它就是卢浮宫；还有腓力·奥古斯都城墙上一座筑有防御工事的城门，它因为被用作王室监狱，后来逐渐成为防御城堡专制的象征，这就是巴士底狱，法国大革命就是从占领和摧毁这座防御城堡开始的。

在诺曼底公爵和英格兰国王的命令下，城堡不仅成为卡昂的诺曼底住房的一部分（20 世纪下半叶在卡昂以米歇尔·德·布阿尔为代表的考古发掘建立了现代城堡学），而且还出现在英格兰首都的住宅样式中——11 世纪末由"征服者"威廉修建的伦敦塔是城市城堡的杰出代表。在意大利，最有声望但不总是被服从的统治者——教皇将一座古罗马时期的古迹重新利用，改建为同时具备军事与居住功能的防御城堡，也就是用哈德良皇帝的巨大陵墓改造成的圣天使堡。当 14 世纪教皇们离开罗马去阿维尼翁定居时，他们在阿维尼翁建造了一座蔚为壮观的防御城堡，尽管他们称之为教皇宫，但它仍然是一座堡垒。在佛罗伦萨，自美第奇家族开始的大家族建造的更多的是宫殿，而不是城堡，但 15 世纪米兰的斯福尔扎家族则建造过一座保留了防御城堡的形象和功能的城堡式住宅——斯福尔扎城堡。

然而，城堡在不断地演变。皮埃尔·博纳西曾恰当地描述过这种变迁："最初的城堡中主塔非常狭窄，一点都不舒适，通常只带有一个会客厅（aula）和一间卧室（camara），城堡主和他所有的'家人和仆人'（mesnie）一起睡在这间卧室里。不过领主们的生活条件很快就因为经济增长和生活的富足而得到了改善。到

12 和 13 世纪，城堡主已经可以充分地实践当时的主要美德——慷慨（或者说大方），各种庆典因此走进城堡这一享受甜蜜生活的首选之地：城堡从此成为宫廷文化的背景地。"[2]

人们所说的"城堡生活"也正在这时兴盛起来。除了防御和象征权力的功能，城堡的生活还符合"当时的风俗文化、生活方式、富足的经济和人们对娱乐的追求"。

14 世纪，吊桥开始普及，木质棚楼被托座上的石质突堞代替，又增设了双层围墙和箭孔。在王室新建的大型堡垒中，防御主要还是集中在塔楼和幕墙顶部，这里形成了一个巨大的平台，就像我们在巴黎的巴士底狱和塔拉斯孔的国王勒内的城堡中所看到的一样。城堡内部的家具依然很少，但房间内的织物保护层则是越来越丰富：丝织的靠枕、方垫、窗帘、帷幔等。用让-马里·珀塞的话说："中世纪末期的城堡更加向外部开放，内部的房间装有真正的窗户用以采光照明，通常只安装有简单的窗框，有时甚至没有玻璃，或者只贴有纸或油帆布；窗洞两侧是在厚厚的墙壁中砌成的石头长椅，在巨大的房间中创造出更加私密的社交空间。"带有突堞以及其他多样的建筑元素的防御城堡再一次丰富了它的神秘形象。

城堡继续在所有基督教国家的领土上扩展。我们可以拿波兰为例。我们看到，波兰不仅有骑士团在马林堡的特多尼克奥尔多城堡，还有波兰国王在城市中修建的新城堡。15 世纪，在俯视着克拉科夫的瓦维尔山上的主教座堂附近建立了瓦维尔城堡。1611 年波兰国王从克拉科夫迁都至华沙时，在华沙修建了王家城堡，尽管它更加突出住宅的功能，但还是保留了城堡的面貌和用途。二战期间华沙王家城堡曾遭到德意志人的破坏，后来波兰人最终决定重建它，同时它还是社会主义政权为取得波兰人民支持的尝试，尤其是作为波兰国家复兴的象征。重建工作交给波兰伟大的历史学家亚历山大·盖伊什托尔来主持。因此，在 20 世纪末，由于它在历史意象长河中的浮沉，该城堡就像主教座堂一样也成为国家的象征。

一直与节庆紧密相连的城堡在 15 世纪成为一个真正的戏剧性场所——人生的剧场（theatrum vitae）或世界的剧场（theatrum mundi）。在剧院迟缓而艰难的复兴过程中，主教座堂和城堡在古代文化和现代世界之间的这段空当一直代替着剧院，扮演着剧院的角色。中世纪末期的豪华城堡中最完善、最考究的典范莫过于耶夫尔河畔默安城堡了，它现今已几乎被完全毁坏，但我们可以通过 15 世纪初的

防御城堡 53

耶夫尔河畔默安城堡，由贝里公爵让修建于 14 世纪末，现今已几乎被毁。我们可以通过 15 世纪初的《贝里公爵的豪华时祷书》这份有名的手稿中的细密画一睹它的风采。该图描绘了一幅介于堡垒和豪华住宅之间的神话般的建筑形象，它周围布满了神奇事物。来源：保罗·德·林堡的手抄本，尚蒂伊，孔代博物馆。

《贝里公爵的豪华时祷书》(*Très Riches Heures du duc de Berry*) 中的细密画一睹它的神奇形象："该防御城堡的下区有着倾斜的塔楼、前置低墙[3]、庄严朴素的墙壁和宽阔的护城河，上区则充分体现了即将消失的哥特式风格的考究特点：彩画大玻璃窗，林立着尖塔顶的人字墙，还有一个 6 米高的巨大的骑士石像耸立在会客厅的人字墙上；到处都是雕塑、釉面方砖，上面画着贝里公爵的象征物——百合花、熊、受伤的天鹅。"[4] 耶夫尔河畔默安城堡是一座童话中的城堡，是自 11 世纪起出现的城堡梦幻的具体物质体现。

由于无法抵御炮火且不适合居住，它们逐渐被遗弃，再加上想要结束封建体制的君主——如路易十三和黎塞留——拆除城堡，城堡在 17 和 18 世纪进入沉睡期。有人曾对 18 世纪的词典中的城堡形象做过调查，结果表明，在启蒙时代，城堡成为守旧、粗鄙的封建制度的象征。[5]

浪漫主义运动使城堡重生。维克多·雨果在莱茵河上游历之时，被城堡怀

54　中世纪的英雄与奇观

德意志防御城堡的废墟图景。该图中，浪漫主义天才艺术家维克多·雨果将城堡置于剧烈动荡的自然环境中，这种给人焦虑之感的梦幻景象使观赏者在魅惑与噩梦之间游移不定。来源：巴黎，维克多·雨果博物馆。

旧的侧影所打动，就在德意志民族的浪漫主义重建科隆大教堂的同时，复兴运动也以一种多少有些异想天开的方式开始重建中莱茵河谷地区的防御城堡。我们可以拿施托尔岑费尔斯城堡的重建为例。该城堡由大主教阿诺尔德·冯·伊森堡（1241—1259 在位）修建，1688 年被路易十四的军队破坏。科布伦茨市于 1823 年将遗迹献给普鲁士王子、未来的腓特烈－威廉四世。后者将重建工作交付给建筑师卡尔·弗里德里希·申克尔，他于 1836 年开始动工，将浪漫主义的中世纪审美观同 19 世纪毕德麦雅时期的中产阶级品味相结合。这次重建工作首先突出的是城堡作为剧院的身份，而它也正是专门用于混合自然与建筑的王家戏剧表演的剧场。城堡内部装饰有历史画作、兵器和甲胄等等，体现出中世纪骑士阶层的风格。[6]

在 19 世纪下半叶的君主的授意下，另外一些城堡的重建工作也轰轰烈烈地展开了。在法国，其中一个例子是维奥莱 – 勒 – 杜克为皇帝拿破仑三世和皇后欧仁妮重建的皮埃尔丰城堡，城堡原由奥尔良公爵建于 15 世纪初，后被毁为废墟。修复后的皮埃尔丰城堡与对勇士的歌颂联结在一起，成为中世纪的情感和象征体系复兴的典范。巴黎圣母院和皮埃尔丰城堡这些重建工作的监理工作都是同一位伟大的建筑师主持的，这并不是偶然。另外一个例子更加轰动一时，它是由巴伐利亚的"疯王"路德维希二世（1864—1886 在位）建造的"中世纪式"城堡群，其中主要有新天鹅堡、林德霍夫宫、海伦基姆湖宫、高天鹅堡。最后他自己也被软禁在其中一座城堡——贝格城堡中，后来被发现在周围的沼泽中溺亡。

伴随着浪漫主义的出现，城堡如主教座堂一样成为隐喻。它萦绕在热拉尔·德·奈瓦尔的心头，他曾高唱过《灵魂的城堡》[7]（château de l'âme）一诗，该诗或许启发过兰波：

哦季节，哦城堡，
哪个灵魂没有缺陷？

因禁在蒙斯的魏尔伦将他的监狱化作《灵魂的城堡》（château de l'âme）：

19 世纪的城堡之梦。皮埃尔丰城堡由奥尔良公爵建于 15 世纪初，后来在炮火的轰击下成为废墟，无法再用。约 1860 年，维奥莱 – 勒 – 杜克为讨好皇帝拿破仑三世和皇后欧仁妮（两人对各种勇士和丰功伟绩甚为着迷），迎合他们的中世纪幻想而重建了该城堡。

城堡，神奇的城堡，我灵魂的生成之所。

然而，城堡也可能是专制的象征。在《九三年》一书中，维克多·雨果拿富尔热森林中的图尔格堡为对象。书中，城堡和自然之间的联系让人恐慌："石头怪物与木头怪物相呼应。"雨果总结了这个专制的防御城堡的象征性，并如此写道：

图尔格是过去的必然结果，这个过去就是巴黎的巴士底狱、英国的伦敦塔、德意志的施皮尔贝格城堡、西班牙的埃斯科里亚尔宫、莫斯科的克里姆林宫、罗马的圣天使堡。图尔格堡凝结着包含中世纪、诸侯、领地和封建制度的1500年历史。

然而，在19世纪的波兰民族文学中，城堡废墟成为亟待修复的光荣城堡的象征。比如，密茨凯维奇著名的《塔德乌施先生》（*Pan Tadeusz*），还有他以立陶宛为背景的《格拉日娜》（*Grazyina*），都提到了新格鲁多克城堡；还有塞韦伦·戈什琴斯基的小说《城堡之王》（*Le Roi du château*，1842）。离波兹南较近的库尔尼克城堡是一座象征骑士荣誉的梦幻城堡，加上城堡的战利品陈列室、整个城堡的装饰，它简直是骑士荣誉之梦的化身。

在20世纪甚至是现在，封建制度遗留下的城堡一直保留在欧洲的意象世界中。中世纪时，它作为基督教国家的一个基本元素被十字军移植到巴勒斯坦地区。

防御城堡与现代旅游业。莱茵河沿线山丘，尤其是风景秀丽的德国段，矗立着众多防御城堡。浪漫主义时期的复兴运动与旅游业使这些防御城堡重新焕发出活力。这张科隆－杜塞尔多夫的游船公司的宣传海报以中世纪防御城堡的遗迹为重点，将其作为吸引游客的卖点。

巴伐利亚"疯王"路德维希二世深深着迷于中世纪城堡，沉溺在后浪漫主义狂热的幻想中。该图是他最为奔放的杰作之一——新天鹅堡。

叙利亚的骑士堡延续着城堡蔚为壮观的形象。令人惊讶的是，20世纪大冒险中的传奇人物之———T. E. 劳伦斯在前往这些城堡废墟周围同阿拉伯人做斗争之前，年轻时曾在他的牛津大学的博士论文中对阿拉伯地区的城堡进行过描绘与评述。

防御城堡在西方意象世界中一直具有丰富的含义，它的形象通常会让我们联想到这是一个战争无处不在的时代。在这个时代，除了由上帝恩典选定的圣徒，其他主要英雄人物都是战士，在他们取得丰功伟绩之前，其声望都是建立在与战争息息相关的住所上的。

防御城堡在欧洲的意象世界中具有持久的影响力，这一点还表现在它的形象在儿童的情感认知中占据的重要地位上。防御城堡是儿童课堂中练习与绘画的对象，它延伸到了动画、电影、电视、声光表演等领域。中世纪的奇观中，城堡因征服了儿童的思想与情感，其影响力更加不可撼动。

另一位杰出的防御城堡沉思者是 T. E. 劳伦斯。还在牛津大学读书时，他就撰写过一篇有关中世纪十字军在巴勒斯坦修建的防御城堡的论文，并用插图注释说明。骑士堡由十字军建于 12 世纪，该图是 20 世纪初 T. E. 劳伦斯为该堡创作的素描，从该图中我们震惊地发现正是该城堡的军事形象使劳伦斯深深着迷，并使其后来成为"阿拉伯的劳伦斯"。意象世界就是这么有魅力！来源：牛津大学、博德利图书馆。

美国亿万富翁的中世纪防御城堡。游戏世界将全世界具有象征意义的名胜古迹都堆叠在拉斯维加斯，疯狂地聚集多少有些虚幻的仿造建筑。在这些最具现代性的人类面前，石中剑酒店作为其中一个收藏品，展现出中世纪、亚瑟王和他的宝剑、防御城堡和塔楼等激动人心的形象，它们时刻萦绕在我们的心头。

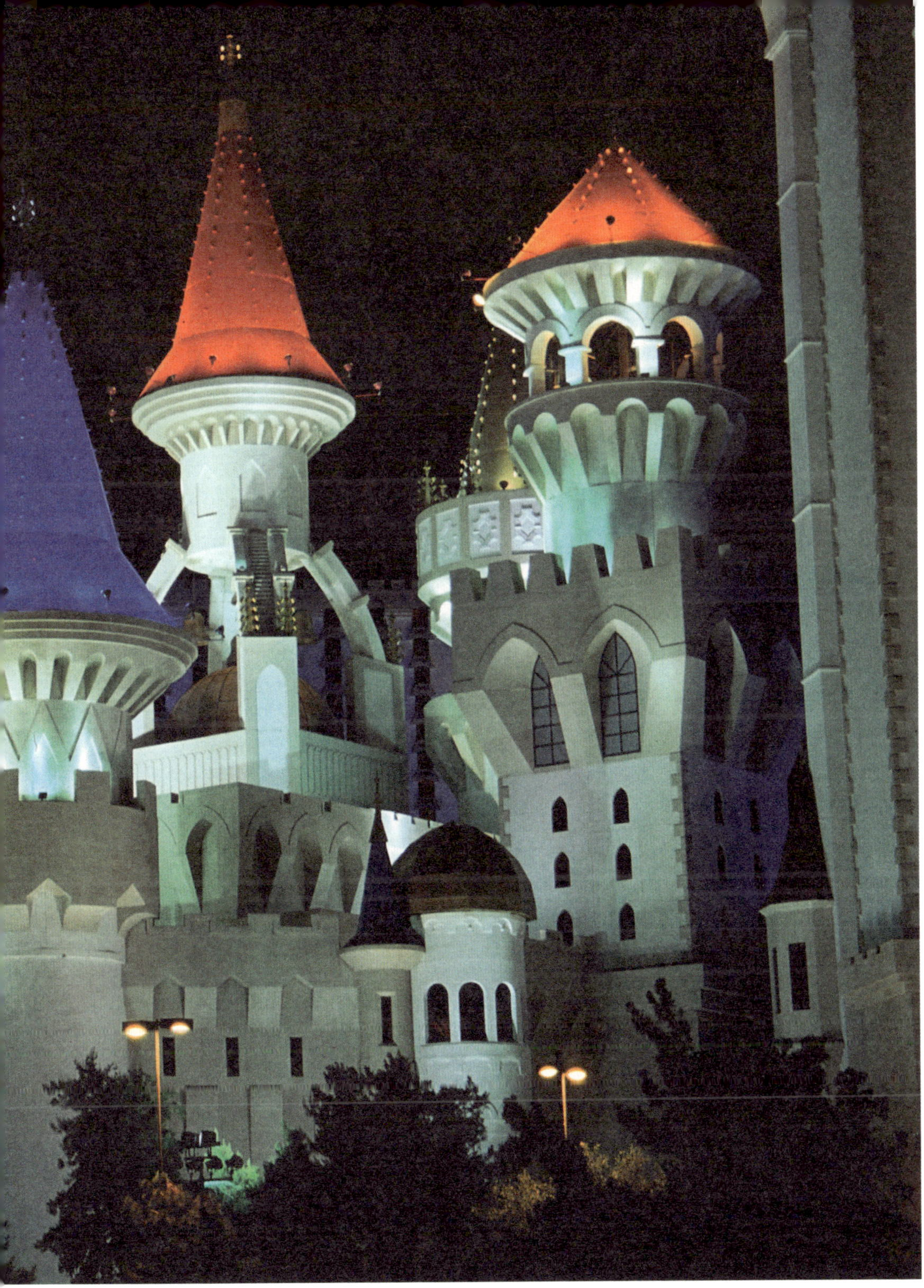

左图：一对一式骑士比武的巅峰。集体混战式骑士比武在 14 世纪末逐渐让位给一对一的比武，同时也成为王室贵胄最为引人入胜的表演之一。骑士的军事面貌（战马、剑、头盔）逐渐消隐在壮观的头盔纹章装饰及马具装备之后。著名的《骑士比武的程序与评估条例》一书编写于约 1460 年，书中安茹的勒内将布列塔尼公爵和波旁公爵之间的比武作为表演的范例，从图中我们可以辨认出后者的纹饰是继承于卡佩家族的百合花。来源：Ms fr. 2693, fol. 45v°-46，巴黎，法国国家图书馆。

右图：1189 到 1199 年在位的英格兰"狮心王"理查被认为是国王骑士的楷模。他既是战士，又是君主，图中他头戴羽毛饰帽子，战马嘚嘚，猎狗紧随。图中的箭或许会让我们联想到他死在沙吕之围一事。来源：《历代皇帝编年史》（局部），卢瓦塞·利德著，14 世纪，巴黎，阿森纳图书馆。

骑士与骑士制度

皮埃尔·博纳西曾提出研究中世纪骑士制度的问题。他写道:『在骑士制度这一概念中,很难区分出什么是传说的部分,什么是现实的部分。』

正是这热衷完美、为被压迫者打抱不平的骑士神话，穿越传说、文学和电影，遗留在人们的集体精神中。换句话说，我们现在脑海中浮现的中世纪骑士的形象通常只是一个理想化的形象：这正是骑士制度本身想要传达的形象，而且它通过中间的游吟诗人让这种形象强行进入人们的脑海中。[1]

从一贯具有启发性的词汇的角度来看，"chevalier"一词到中世纪才迟迟出现，其原生词为"miles"，在古典拉丁语中意指"士兵"，在中世纪早期则指"自由士兵"。很明显，骑士来源于马匹，所以骑士首先是一位至少拥有一匹马而且能够在马上战斗的人。在骑士制度的思想体系中，形容词"chevaleresque"占有比较重要的地位，应该指出，该词源于出现在14世纪的意大利词汇"cavalleresco"，直到17世纪才被翻译为法语。这个词在今天如果不是褒义词，含义也比较中性，但它刚诞生时，却略带批评甚至嘲讽的意味：它令人想起堂吉诃德。骑士的坐骑当然属于特殊品种，它健壮而适合快速奔跑，同时也适合打猎和战斗，跟在中世纪的西方推广得很慢的笨拙的耕马非常不同：它就是战马。

骑士首先是一名战士，尽管世人渴望和平，但是一个战争无处不在的社会才是他们具有如此声望的主要原因。在此应该立刻介绍一下他们的武器装备。他们主要的武器是双刃长剑和长枪——枪身由白蜡树或山毛榉制成、末端是宽刃铁枪头；他们还使用裹以皮革的木质盾牌，多呈圆形、长方形或杏仁形，形状不一。罗马人坚硬的装甲逐渐让位于环甲和皮质头盔，头盔上的金属鳞片就像屋顶上的瓦片一般交错排列。头盔通常只是一个简单的铁质无边圆帽，有时用裹以皮革的金属骨架支撑。中世纪时期装备发生的主要变革是环甲被锁子甲所取代，后者可以覆盖整个身体，从肩膀一直垂到膝盖，在底部开叉以方便骑马，就像我们可以从右图的11世纪末的"巴约挂毯"上所看到的那样。环锁铠或锁子甲对于防御剑的攻击非常有效，但是不足以抵御长枪的刺击，这种新的攻击方式可称得上是中世纪主要的军事技术进步。正如让·弗洛里所强调的，中世纪的骑兵需要相当的经济基础来购买战马（可能还不止一匹）和装备，因此承担着繁重的开支，此外他们还需要时间，因为除了频繁的训练，中世纪的骑士还需要在节日比赛——骑士比武以及狩猎活动中证明自己，狩猎通常在他们自己专属的封地里进行，也就是自中世纪起为国王预留的保护区之外的地方。可以看出，即使从军事角度来看，骑士阶层就有局限于贵族精英分子的趋向。

战斗中作为先锋的骑士。著名的刺绣品"巴约挂毯"（11世纪末）展示了作为诺曼骑兵的骑士砍杀撒克逊步兵的情景。画面着重突出了他们的武器装备——头盔、长枪、盾牌和马镫。战争的现代化进程是骑士制度的起源之一。来源：巴约，巴约大教堂宝库。

十字军东征被看作是基督教骑士参与的"新鲜而欢快的"圣战。卢瓦塞·利德的《历代皇帝编年史》手稿中的这幅 14 世纪的细密画表现了"狮心王"理查和他的士兵出发参加第三次十字军东征的画面。来源：巴黎，阿森纳图书馆。

    骑士制度出现于 11 世纪。"milites"（通俗拉丁语为"caballarii"）这个阶层在 1000 年左右广泛分布，首先传播到法国中部和北部地区，然后在 11 世纪传播到地中海地区，最后传遍其他所有基督教国家。这些"milites"是服务于重要领主的战士，同时也是这些领主的城堡的护卫者。许多城堡主在 11 和 12 世纪期间也放下身段，成为独立的骑士。

    "milites"出现于一个充满怀疑的环境中，因为当时的教会有时会将士兵和江洋大盗混为一谈。这种怀疑因此引发了 1000 年前后的和平运动，这场运动主要用来驯服残暴的士兵，同时使其服从基督教会的领导。因此后来骑士将保护寡妇和孤儿作为使命，推而广之就是弱者和穷人，甚至包括保护那些没有武器的人，那时主要是早期的商人群体。

    然而，11 世纪期间，教会和中世纪基督教同最初的基督教和平主义思想渐行渐远，且变革日渐加速。教会开始接受在某些条件下进行战争有必要甚至有益的想法。当 11 世纪末教会同意发动圣战——十字军东征之时，这场变革彻底成真。为上帝和弱者而战被一套新的仪式所认可，这种强加给骑士的洗礼圣事也就是授予骑士称号、兵器和盔甲的仪式。多米尼克·巴泰勒米曾认为骑士理想与基督教理想的统一性正是封建体制的基石。[2]

一个特别的地方促进了这种基督教骑士制度的发展：伊比利亚半岛。收复失地运动，意指基督教国家从穆斯林手中以战争手段收复半岛的运动，这场运动使骑士成为第一线的角色，骑士不仅成为半岛上的基督徒的光辉典范，对整个基督教世界的所有居民来说亦是如此。马丁·德·里克尔曾为这些"西班牙游侠骑士"（caballeros andantes españoles）做过著名的描绘。

骑士的形象也被基督教国王所接受，即使"战士"这个次要的功能不应该给国王所代表的"正义"和"繁荣"的功能带去麻烦。赢得最优秀的骑士国王形象的中世纪国王或许是英格兰"狮心王"理查（1189—1199 在位）。许多历史学家都指出法国国王路易九世（圣路易）没有成为骑士，但是事实上，他为自己打造广为流传的和平的国王形象的同时，也有着骑士国王形象的一面，主要体现在与英格兰人的战争以及十字军东征两个方面。茹安维尔曾为我们留下一幅圣路易的有名的画像，画中的他手持宝剑在埃及的一道堤堰上策马奔驰。

与圣徒不断地进行参照也为骑士的基督教化打上印记。骑士作为主保圣人被赋予圣徒的称号，而且在中世纪的圣徒传记中占有十分重要的地位。在中东欧地区，黑人圣骑士圣莫里斯奇怪地成为白人骑士阶层的主保圣人，而在所有基督教国家中，最伟大的骑士圣徒是来自东方的圣乔治，圣骑士的宗教和社会形象通常表现在圣乔治屠龙拯救公主的情节中。圣乔治是彬彬有礼的骑士的典范，他的力量、勇气和圣洁的天性都是为弱者效劳的。

尽管有十字军东征，尽管对正义战争的定义有所调整，中世纪时期教会与骑士的关系依然一直很别扭。我们可以通过骑士比武的历史一窥究竟。这种骑士比武，有点类似现代社会的大型体育表演，不仅骑士阶层热衷于此，广大民众也对其感兴趣。它也同时属于军事演习和娱乐节目的范畴，乔治·杜比曾在《布汶的星期天》（Le Dimanche de Bourines）一书中巧妙地展示出它是一个有着多么巨大的资本运转的经济活动。但是教会却将其看作对暴力的难以控制的狂热，骑士比武将正义战争曲解为刺激性表演，而且教会认为，这些对抗中的世俗成分甚至是

圣乔治拯救公主。圣乔治,来自东方的圣徒,是骑士的重要主保圣人。他代表服务于善良、服务于上帝的骑士行为:白马战胜黑龙。来源:萨诺·迪彼得罗作,15世纪,锡耶纳,教区博物馆。

异教成分过于明显，因此它努力禁止这些骑士比武。尤其是于1215年召开的第四次拉特朗大公会议命令在基督教国家中禁止比武，但以失败告终。骑士比武在1139和1199年被教会禁止，但在英格兰却被"狮心王"理查认可和控制（1194），它在13世纪经历了一段衰退，但依旧没有消亡。1316年教会解除禁令之后，骑士比武在14、15世纪重新流行，且规模更加巨大，它一直延续到16世纪。历任国王都试图通过管理将其垄断，甚至还增设"导演"——中世纪传令官。骑士比武的这次回归是约翰·赫伊津哈称之为"中世纪之秋"的辉煌的15世纪的一个重要表现。熠熠生辉的中世纪骑士比武中，一位重要的承办人是国王安茹的勒内，他同时也是普罗旺斯伯爵、那不勒斯国王，他通过编撰一部重要的插图作品——《骑士比武的程序与评估条例》（*Traité de la forme et devis d'un tournois*，约1460），在其领地大力推行骑士比武。

骑士制度是封建制度最有特色的表现形式。正如我们所见，它最终轻易地将自身的贵族特性同宗教的仪式性、君主制的组织相融合。威廉·马歇尔（1147—1219）在当时被认为是"世界上最优秀的骑士"，乔治·杜比清晰地指出，威廉的社会成就与赫赫威名不仅要归功于他对骑士荣誉这一准则锲而不舍的尊重与追求，同样还要归功于英格兰国王的恩宠。乔治·杜比认为他如果不是最优秀的骑士，至少也是一位地地道道的骑士，他这样描述："他是没有财产的次子。在后来成为富人和贵族后，仍是妻子和儿子的卫士。他享有王室权力，为年幼的国王担任摄政，他从来没有想过他能拥有如此等级的权力地位。他能做到这些，并没有得到相应的培训，也没有从他的家族和宗教仪式中获得相应的头衔。除了被誉为世界上最优秀的骑士，他也没有其他的长处，即便为他说话的人赞美他的品德，也从来没有提及其他的优点，用他自己的话来说也是这样，他自己也对此深信不疑。他能够达到现在的高度，完全要归功于这唯一的优秀才能。得益于这具在骑兵训练中不知疲倦、强壮而又灵巧的身躯，多亏了这个明显过小的脑袋没有通过多余的思虑阻碍他的健壮身体的自然充分发展，他思虑不多而且简单，有接近固执的忠诚，他智力有限，有粗野的行为准则，可以用三个词来概括他的军人价值观——勇敢、宽容和忠诚。尤其还要归功于他那不可思议的长寿。"

圆桌骑士团为骑士形象的演变做了注脚。12世纪的骑士是勇敢的士兵，在12和13世纪之交则成为宫廷爱情的主角。依然是乔治·杜比为我们指出，这段历史

自12世纪起，骑士阶层与风雅礼貌相融合。杰弗里·勒特雷尔男爵的诗篇（约1340）中的骑士骑在马上，有两位女士相陪。来源：伦敦，大英图书馆。

时期的两个阶段的角色最初都由年轻人扮演，他们寻找城堡、土地和女人，虽然在最后这一点上，乔治·杜比的理论被克里斯蒂亚娜·马尔凯洛-尼齐亚的研究所动摇，在后者看来，在宫廷爱情中，女性面貌通常可能只是一位年轻男子的面具："在这个军事化的社会中，宫廷爱情难道不可能是男人之间的爱情吗？"克里斯蒂亚娜·马尔凯洛-尼齐亚曾提起雅克·拉康对同性恋的看法——"宫廷爱情仍是一个谜"。[3]

不管是想象中的爱情还是真实的爱情，不管是精神上的爱情还是肉体上的爱情，宫廷爱情只是加强了自骑士制度出现时就有的意象世界。乔治·杜比还教我们清楚地看到，作为社会典范的骑士同样也是文化典范。勇敢又礼貌的骑士有三个基本目标：冒险、尊严和荣誉。埃里克·科勒则很好地描述了什么是骑士冒险。

返回的十字军骑士。19世纪的浪漫主义和后来的象征主义自然而然地将骑士看作怀旧的象征物。这里，杜塞尔多夫画派中著名的德意志画家卡尔·弗里德里希·莱辛（1808—1880）展现了一幅失望又疲劳的十字军骑士形象，他不是战败就是从圣战中返回。来源：波恩、莱茵国立博物馆。

所有的文明在不同程度上都与空间有紧密的联系。中世纪基督教塑造和统治着欧洲空间。它在欧洲建立起由重要的点（教堂、朝圣地、城堡）组成的网络，它甚至还划分出了一块流浪的空间，其中的森林也有幻想与现实之分。从这个角度来看，中世纪大多数骑士都有一个骑士基本的特点：流浪。十字军东征则是最疯狂的流浪。

中世纪骑士跟贵族不同，不只因为他们喜欢冒险，还因为他们无法继承头衔。让·弗洛里曾恰当地定义："整个中世纪期间，贵族阶层和骑士阶层的命运都交织在一起，但是这两个术语既不是近义词，概念也不等价。骑士阶层的光芒逐渐增强，吸引一直领导他们的贵族阶层去试图成为骑士，控制骑士，最后甚至声称只有他们自己才能成为骑士。精英士兵的贵族'行会'就这样在13世纪成为贵族骑士的精英团体，后来在中世纪末期又转变为受人尊敬的贵族慈善团体。"

骑士制度也同样无法避免成功带来的恶果——嘲讽。罗曼·沃尔夫-邦万以《傻瓜骑士》(*La Chevalerie des sots*, 1990)为标签合并了13世纪的两个最具特色的故事。其中《弗格斯传奇》(*Le Roman de Fergus*)是一部讽刺宫廷爱情的作品，另一部《特吕贝尔》(*Trubert*)是情色寓言。值得注意的是，书中天真而又愚蠢（古法语是"nices"）的主人公跟克雷蒂安·德·特鲁瓦小说开头的年轻的珀西瓦尔很类似。失去父亲的孤儿由母亲单独抚养长大，这难道不是经过千难万险最后成为骑士的孩子的范本吗？无论如何，这种基督教美丽外表下的道德观将会成为欧洲思想与精神的重要组成部分之一。如果说骑士单纯无知，那么他们正可以成为仙国梦境中的人物。在这个世界中，传说中的英雄人物有时属于童话世界，就像梅绿丝娜一般，也存在"神仙"骑士。

12至15世纪期间，骑士制度的历史发生了两次重大的变化。首先是出现了军事和宗教一体的骑士团，也就是"基督的骑士"。这是基督教改变对战争看法的结果。难以想象11世纪之前能够出现一位集修士和战士于一身的人物，而在十字军东征的背景下则出现了教皇格列高利七世这个人物，11世纪下半叶，他彻底将"miles christi"（基督的骑士）一词运用在军事领域。这些新的骑士团的出现是为了保护圣地，保护那里的基督教居民，保护那里的朝圣者。1099年耶路撒冷圣约翰医院骑士团成立，1119年圣殿骑士团成立。另一个军事性骑士团的诞生地是发生收复失地运动的伊比利亚半岛，1158到1175年间，在该地相继成立了卡

战败的骑士（这次毫无疑问）悲伤地穿过花田。象征主义画家乔治·希契科克曾将其放在1898年在巴黎举行的法国艺术家沙龙中展出。来源：巴黎，奥赛博物馆。

拉特拉瓦骑士团、圣地亚哥骑士团；葡萄牙建立了埃武拉教团，即后来的阿维什骑士团。德意志人在圣地的阿卡城建立的一座医院后来在1198年变为军事性骑士团。最后，需要军事性骑士团的第三个地区是欧洲东北部的异教徒的土地。1202到1204年，圣剑骑士团在利沃尼亚成立，1230年条顿骑士团定居普鲁士，1237年圣剑骑士团和条顿骑士团合并。圣·让·阿克尔（阿卡城在基督教世界的名字）陷落之后，基督教军事骑士团和基督的骑士们相继撤退到塞浦路斯。然而，欧洲正在形成的基督教君主国越来越难以容忍这些修士与骑士混合的产物。在法国国王"美男子"腓力的指使下，教皇克雷芒五世于1308年命令在整个基督教国家逮捕圣殿骑士，维埃纳大公会议于1312年宣布解散圣殿骑士团。在波兰，条顿骑士定居在马林堡，他们与波兰国王持续不断的斗争以波兰-立陶宛联军于1410年在格伦瓦德（坦能堡）对条顿骑士团的决定性胜利而告终。唯独幸存的医院骑士团于1530年撤退到马耳他，成为马耳他骑士团，至今仍专门致力于人道主义工作。

骑士阶层历史的另一个变化是14至15世纪骑士勋章的设立，由国王和君主根据旨意授予他们喜欢的非宗教人士，使其与众人不同。卡斯蒂利亚国王阿方索于1330年设立首个世俗骑士勋章，英王爱德华三世于1348年设立著名的嘉德骑士勋章，"好人"约翰于1351年设立了星辰骑士勋章。15世纪，最有名的勋章是1430年由勃艮第公爵"好人"菲利普设立的金羊毛骑士团勋章。这些骑士团与行会近似，从这个角度来说，它们也可以由普通骑士建立。因此，15世纪初，布锡考特设立"绿盾与白衣女士"骑士团勋章，以保护遭受百年战争暴力伤害的夫人小姐们的尊严和荣誉，他还撰写了一篇专论来宣扬古代骑士的价值观。这些骑士团勋章均表现出一种怀旧情绪，是亚瑟王传说重生的证明。他们想要使"对壮举的歌颂，尊严、宽容和伟大灵魂的意义"[4]流传下去。

正是在这种环境中，在中世纪骑士制度的神奇英雄的世界内部诞生并浮现出一个新的主题——九勇士。这个主题是对中世纪文人构思的阐释，他们试图从中世纪文明所起源的三种文明——《旧约》的犹太文明、古代异教文明、中世纪的基督教文明——中寻找持续不断的相同精神理念，因此出现了九勇士这个群体。其中三位是《旧约》中的犹太人：约书亚、犹大·马加比和大卫；另外三位是古希腊罗马时期的异教徒：特洛伊的赫克托耳、亚历山大大帝、尤利乌斯·恺撒；还有三位是中世纪的基督教徒：亚瑟、查理曼和布永的戈弗雷，这最后一位是

被取笑的骑士。自15和16世纪起，骑士一方面变得神秘，另一方面则变得滑稽。讽刺骑士的绝佳作品是塞万提斯的《堂吉诃德》（1605—1615），它启发了19世纪末期的插图画家。画中一位滑稽的骑士没有与磨坊作战，而是正在和饲养棚中的家禽作战。来源：私人收藏。

电影中的骑士形象。从美国人开始,好莱坞使骑士复苏,让现代人能够清晰地梦到现代骑士。《豪迈王子》(1954)是亨利·哈撒韦的骑士冒险电影。勇士瓦扬与叛徒骑士斗争,并赢得美人芳心。影片中的情侣由罗伯特·瓦格纳和珍妮特·利扮演。有人指出该电影是一部"中世纪西部片"。

1099 年耶路撒冷的第一位拉丁国王，没有进入神话的历史。九勇士首次出现于隆吉永的雅克于 1312 年撰写的诗歌《孔雀誓言》(Les Vœux du paon)。14 至 15 世纪出现的挂毯样式和 15 世纪出现的扑克牌游戏都为这些勇士的成功提供了保障，尤其是查理曼还成为塔罗牌和扑克牌的红心国王。勇士的主题获得巨大的成功，其传播范围甚至超出骑士阶层的男性世界。女勇士出现于 16 世纪，融入骑士制度的世界，扮演着积极的角色，而在之前，她们在宫廷爱情故事中只处于被动地位。因此 15 至 16 世纪是骑士故事兴盛的时期，其中最好的一个例证是加泰罗尼亚语小说《蒂朗·勒布朗》(Tirant le Blanc) 所取得的成功，该书由巴伦西亚的朱亚诺·马托雷利所著，并在他死后于 1490 年出版。这位虚构的骑士是骑士形象从兰斯洛特到堂吉诃德演变过程中的里程碑。塞万提斯称其为"史上最伟大的小说"，作者说自己想要重燃人们"对功勋和光荣而又著名的古代英勇骑士的兴趣"。伟大的秘鲁小说家马里奥·巴尔加斯·略萨曾为《蒂朗·勒布朗》最新的法语译本作序，他认为这部雄心勃勃的小说像其他为数不多的作品一样，可称得上是整个欧洲的作品："因为故事的背景是大半个欧洲和整个地中海地区，这位历史英雄像在自家一般不断变换位置，他在自己的祖国和在英格兰、布列塔尼、希腊、西班牙的感觉一样，除了荣誉和侮辱、美丽和丑陋、勇敢和胆怯之间的区分，他不承认人类之间有任何界线。"[5]

然而，一批新的骑士萦绕在 14 和 15 世纪的欧洲人的意象世界中，比如高卢的阿马迪斯，他出现于 14 世纪，成了意大利人蒙塔尔沃的小说（1558）中的主人公，小说在当时取得了非凡的成功。而在 16 世纪初期征服了部分美洲土地的西班牙和葡萄牙的"征服者"，在行军和战斗之余，都沉浸在一部骑士文学作品之中。这部书接近歌颂骑士的文学的成功巅峰，同时也展现出对早已过时的理想人物形象的批评。这部杰作，正是塞万提斯的《堂吉诃德》(1605—1615)。

在 18 和 19 世纪，骑士几乎只能通过博学的历史学家而重生。当时有一部学术著作在法国大众中广泛流传并使骑士制度在"美好年代"[*]时髦起来——莱昂·戈蒂埃的《骑士阶层》(La Chevalerie, 1894)。但是，骑士的理想形象启发了波拿巴，他于 1802 年创建了妇孺皆知的荣誉军团勋章。它最低一级的头衔就

---

[*] 指欧洲社会的一段时期，自 19 世纪末开始至一战爆发为止，这段时期相对和平、经济稳定、科技日新月异，被认为是"黄金时代"。

中世纪与现代世界的骑士。让－马里·普瓦雷导演过三部关于一位 12 世纪的骑士及其侍从冒险的电影，他们误食魔药穿越到了现代世界。这一系列的第三部名为《时空访客》（2001），在片中，演员让·雷诺扮演的骑士在美国的汽车和摩天大楼中穿梭。

是骑士头衔。人们有时会将骑士形象同19世纪英国人发明的"绅士"的形象相比照,后者是集贵族风雅和资产阶级礼仪于一体的社会新英雄。通过圆桌骑士团的成员,人们也将会从20世纪电影的意象世界中发现骑士形象。让-马里·普瓦雷的系列电影《时空急转弯》(*Les Visiteurs*)取得的最新成功证明骑士依然能够使我们去梦想,即便带有一丝笑意和讽刺。

左图：熙德，中世纪西班牙斗士。这个西班牙传说出现在1344年的手稿中，是为数不多的一个对扑朔迷离的著名英雄熙德进行演绎的中世纪作品。罗德里戈·迪亚斯·德·比瓦尔（勇士熙德）用他的长剑将马蒂姆·戈麦斯斩首。基督徒和穆斯林同时或先后都曾是这位无所顾忌的冒险家的敌人。来源：里斯本，科学院。

右图：罗德里戈·迪亚斯·德·比瓦尔（熙德）在中世纪被并入纳瓦尔国王的系谱中。来源：《西班牙国王系谱》中的细密画节录，1385—1456，马德里，国家图书馆。

熙德
Le Cid

熙德是自中世纪开始
就从历史向神话转化的典型人物。

熙德的特殊就在于，虽然他的形象没有更新，却一直流传至今。罗德里戈·迪亚斯·德·比瓦尔，也称熙德（1043—1099），是西班牙基督徒攻打穆斯林的收复失地运动中的代表人物。自12世纪起，得益于一部文学作品，加之各种传说和口头艺术，他成为抗击摩尔人的基督教英雄。最后，得益于17世纪的戏剧，他又成为一个伟大爱情故事的主角，而20世纪下半叶的戏剧复兴在阿维尼翁再次赋予他新生的活力。

罗德里戈·迪亚斯生于卡斯蒂利亚地区靠近布尔戈斯的小城市比瓦尔。他虽然只是一个中等贵族骑士，却是天生的战士和领主，要么效忠于卡斯蒂利亚的国王，要么效忠于穆斯林的国王。他曾效忠于莱昂和卡斯蒂利亚的国王阿方索六世，为其打击过纳瓦尔的基督教国王；1081年被阿方索六世流放之后，他持剑效忠于萨拉戈萨的穆斯林国王，为其打击巴塞罗那伯爵以及阿拉贡和纳瓦尔的国王。此时他获得了"熙德"的称号，该词来源于阿拉伯语"sayyid"，意为"大人"。和阿方索六世和解之后，他保护基督教徒，在黎凡特地区成功打击来自非洲的信仰伊斯兰教的穆拉比特人，并建立了一个公国。一开始他效忠于和阿方索六世结盟的一位穆斯林王子，后来他摆脱这个束缚，并于1094年攻占巴伦西亚，在这块伊斯兰土地上建立了第一个基督教国家，迫使邻近的穆斯林小王国——"泰法"诸国向其进贡。但是，1102年，即他死后第三年，他的妻子希梅纳和卡斯蒂利亚国王阿方索六世不得不舍弃巴伦西亚公国，将其交给摩尔人。德尼·蒙约曾对熙德这位历史人物做过评判："他是一位'边境冒险家'，渴求骑士功勋和战利品，效忠于基督教和伊斯兰教君主，他们之间的战争是其社会地位跃升的保障，他的女儿们和纳瓦尔国王、巴塞罗那伯爵的联姻也曾助其一臂之力。"

自12世纪起，这位历史人物开始成为抗击穆斯林的基督教英雄、西班牙基督徒收复失地运动的象征人物。这个转变首先要归功于布尔戈斯附近的卡德尼亚修道院中的本笃会修士对迪亚斯·德·比瓦尔和他的妻子希梅纳的宣传，该修道院也是他们夫妇的埋葬地。

熙德不仅是一位基督教英雄，还是一位卡斯蒂利亚英雄，而在巴伦西亚周围建立公国是他的职业生涯中较为重要的一次冒险。使熙德在卡斯蒂利亚疆域之外仍享有盛名的是一部文学作品，这就是《熙德之歌》(*Cantar de mio Cid*)，后来又被称为《熙德之诗》(*Poema de mio Cid*)，它用卡斯蒂利亚语写成，是一部武

LAS MOCEDADES DEL CID.

COMEDIA PRIMERA.

POR D. GVILLEM DE CASTRO.

Los que hablan en ella son los siguientes.

El Rey D. Fernando.	Ximena Gomez hija del Conde.	Vn maestro de armas del Principe.
La Reyna su muger.	Arias Gonçalo.	D. Martin Gōçales
El Principe D. Sācho.	Peransules.	Vn Rey Moro.
La Infanta doña Vrraca.	Hernan Dias, y Bermudo Lain hermanos de Cid.	Quatro Moros.
Diego Laynez Padre del Cid.		Vn Pastor.
Rodrigo, el Cid.	Elvira criada de Ximena Gomez.	Dos, o tres Pajes, y alguna otra gēte de acompañamiento.
El Conde Loçano.		

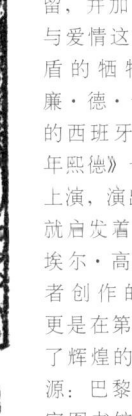

17世纪戏剧中的熙德。中世纪的英雄在那个时代失去了爱戴，戏剧将熙德这个人物形象保留，并加工成亲情与爱情这对经典矛盾的牺牲品。纪廉·德·卡斯特罗的西班牙剧目《少年熙德》于1636年上演，演出成功后，就启发着年轻的皮埃尔·高乃依，后者创作的《熙德》更是在第二年取得了辉煌的成功。来源：巴黎，法国国家图书馆，印刷品藏本。

功歌，写于 1110 到 1150 年间，作者不详。《熙德之歌》中的熙德是卡斯蒂利亚式人物，只效忠于基督教徒，同穆斯林作战。《熙德之歌》讲述了一系列的围攻、袭击和战役，熙德在其中一直都是基督教徒的首领。诗歌的另一个主题是熙德同他的君主——卡斯蒂利亚国王之间的不和，体现了封建等级中存在的问题。

最后值得一提的是，《熙德之歌》中的熙德不仅有赫赫战功，还关心他的荣誉和家族门第的未来，尤其是当他的两个女儿遭受了婚姻不幸的时候。起初他的女儿们分别嫁给了卡斯蒂利亚另一个大贵族卡里翁的两个儿子，女婿们侮辱岳父的行为相当不敬，令人愤慨，终于受到了司法决斗和审判的惩罚。最终熙德和希梅纳养育的两个女儿就像我们刚才提到的那样再次举行了隆重的婚礼，在这方面熙德也可谓是胜利者。

在罗德里戈·迪亚斯于 1099 年逝世前不久，就已经出现了一部拉丁语诗歌《勇士之歌》(*Carmen Campidoctoris*) 歌颂他，这部贵族战士的赞歌为罗德里戈·迪亚斯冠以"勇士"的新称号。13 世纪中期，一部同样献给这位卡斯蒂利亚英雄的编年史——《罗德里戈传》(*Historia Roderici*) 也为他赢得了声誉。

卡德尼亚修道院的修士见熙德的声名日著，试图将其封为圣人。封圣仪式虽然没有得到官方认可，但是卡斯蒂利亚国王"智者"阿方索十世 1272 年前往卡德尼亚的朝圣之行却使这位准圣人名声大振。1541 年，修士们命人开启熙德的墓葬，一股圣人的香气*从中逸出。1554 年，西班牙国王菲利普二世征得梵蒂冈的同意，开始了封圣的流程，但是不久又放弃了。

然而不管怎样，英雄的声名依然在卡斯蒂利亚地区维系不坠。一部名为《著名骑士熙德勇士编年史》(*Crónica del famoso cavallero Cid Ruy Diez Campeador*) 的编年史书或编纂于 14 世纪初，该书于 1512 年在布尔戈斯出版印刷，并于 1552 年和 1593 年再版。

然而，戏剧即将再次复兴熙德那经过加工的神话形象。如果说戏剧曾歌颂过罗德里戈的骑士形象，那么现在则展现了这位人物的另外一面——伟大的爱人形象。罗德里戈与希梅纳的爱情受到阻挠，为"黄金时代"末期的西班牙戏剧贡献了一个悲剧的主题，该主题后被法国古典戏剧界乘着国内研究西班牙的风尚吸收改编，

---

* 据传圣人在死亡或临死时发出的香味。

近似超现实主义风格的现代熙德。在一片岩石林立的风景中矗立着一座城堡，这让我们想起西班牙的城堡，还有一辆旅游车和一群人，这让我们联想到他们是一群游客，图中的这位少年熙德有着西班牙中世纪英雄近似梦幻的形象。来源：阿代尔基－里卡尔多·曼托瓦尼绘，私人收藏。

他们从中看到一位陷于爱情与责任两难境地的英雄典范。1561 年，该爱情主题早已风靡开来，西班牙剧作家纪廉·德·卡斯特罗利用通俗歌谣创作了《少年熙德》（*Las Mocedades de Cid*），该作品于 1636 年在巴黎首演，获得巨大成功，由此启发了高乃依的《熙德》（*Le Cid*）。

  熙德好似避开了浪漫主义的风潮，可能是因为他的文学形象与古典主义戏剧杰作联系太过紧密。至于他的历史地位，虽说没有被荷兰学者莱因哈特·多齐的评论所摧毁，至少也受到一定的损害。他在《西班牙中世纪文学史研究》（*Recherches sur l'histoire et la littérature de l'Espagne pendant le Moyen Âge*，1849）一书中称该人物为"新近文献塑造的熙德"。他依据的主要原始资料之一是一位葡萄牙圣塔伦的不为人所知的本土阿拉伯学者的作品，后者在 12 世纪初在塞维利亚写过一本人物传记词典——《西班牙优秀人物宝库》（*Trésor des excellents Espagnols*），他在其中对勇士熙德并无太多赞美之词。多齐重建了熙德

热拉尔·菲利普饰演的熙德。他曾在让·维拉尔组织的阿维尼翁戏剧节中于教皇宫表演过高乃依的《熙德》，得益于该次演出取得的辉煌成功，这位年轻的演员树立了现代英雄的形象。该演出场景拍摄于1951年。

的历史形象，将其视为一位残暴卑劣而又无所顾忌的冒险家，而不是西班牙传说所刻画的一位勇敢而又彬彬有礼的骑士。他还宣称，与基督教徒相比，熙德更像是一位穆斯林。

20世纪初，得益于著名的文献学家、文学史家拉蒙·梅嫩德斯·皮达尔的杰作，熙德才以西班牙英雄的身份骤然重生。凭借着博学多才和无与伦比的文学天赋，梅嫩德斯·皮达尔将熙德塑造为辉煌的中世纪西班牙的代言人。这部有名的巨著题为《熙德的西班牙》(*La España del Cid*, 1929)。得益于皮达尔，熙德最终登上国家荣耀的顶点，从某种意义上来说，他在欧洲的英雄世界里，代表着西班牙的形象。同时代的佛朗哥主义企图将熙德纳入麾下，甚至于强调佛朗哥的出生地布尔戈斯靠近熙德的出生地比瓦尔。梅嫩德斯·皮达尔不愿接受这种歪曲，因此在几年之间就被当权者解除了西班牙学院院长的职务。但是即便在这个领域，他实际上也不是当时政权真正的反对者。

尽管梅嫩德斯·皮达尔的巨著遭受了无数的批评，但熙德仍然是一位中世纪——被民族主义裹挟的中世纪——的英雄典范。20世纪下半叶，戏剧再次使熙德迎来一次辉煌的新生。完全现代化的演出方式，加上令人肃然起敬的明星大腕的推荐，还有他们演绎罗德里戈这位典型的年轻骑士英雄形象（乔治·杜比曾非常细腻地描述过中世纪年轻骑士的群体）的方式，使高乃依的戏剧成为国家人民剧院和阿维尼翁戏剧节的一大亮点。如果说19世纪末期法国传统主义的喜剧演员穆内·苏利演绎的熙德非常"古典"，那么年轻的熙德则由同样年轻、使大众疯狂的演员热拉尔·菲利普来扮演，而其他的导演和演员则证明了熙德也可以成为能接受最具现代性实验手法的戏剧英雄。因此，熙德是由文学和戏剧推出的历史英雄的代表，他集合起了创造英雄意象的各种行动者：回忆、诗歌、戏剧，当然，还有人类。

另一位现代熙德。威廉·纳迪兰于1998年在阿勒马戈尔和阿维尼翁饰演的熙德少了几分浪漫，多了几分粗鲁。他上身裸露，举起长剑，看似有着爱好运动的特点，但是更加粗暴一些。他展示出熙德形象的另一面，这可能更加接近中世纪西班牙的社会氛围。

熙德在电影领域没有取得同样的成功，但至少有一部以他为原型的著名的作品，即由安东尼·曼导演、查尔顿·赫斯顿和索菲娅·罗兰主演的电影（1960）。最近，另外一部电影显示熙德也是一位可以接受最现代化的故事操作的历史英雄，正如我们已经提到的亚瑟。该作品就是若泽·波佐导演的西班牙动画电影——《熙德传奇》(*La Légende du Cid*)。片中的熙德是一位英勇无畏、无可指责的战士，是摩尔人的杀手，而他的敌人则嗜血无度，无视一切道德观念，其头领满腮虬髯、残忍暴虐。

左图：圣米歇尔山的回廊内院是 13 世纪初罗曼式建筑的杰作。它轻盈的特点颇为惹人注目，让我们联想到坎特伯雷和索尔兹伯里的英式建筑。大量的装饰很符合库唐斯和巴约地区定义的罗曼式艺术的特点。圣米歇尔山的回廊内院进一步丰富了我们所说的建筑"奇观"。

右图：封闭的花园和它中间的喷泉形成了封闭性建筑的典范，而回廊内院是其在建筑方面的演变成果。来源：《人类救赎之镜》，15 世纪，尚蒂伊，孔代博物馆。

回廊内院

Le cloître

法语中的『cloître』这个词既可以指修道院的一部分，也可以指修道院本身。

封闭的花园外围着花草树木，人们可以通过设在院墙上的门进来。园中一对情侣正在嬉戏。封闭的花园和回廊内院都表现着象征孤立、喜乐和爱情的空间。来源：农业历法，《彼得罗·德·克雷申齐农业历法》的15世纪法文译本，巴黎，法国国家图书馆。

回廊内院被吸收到欧洲的意象世界中且持续至今，凸显了修道院意识形态中最具特点的两个部分。历史意象世界中的回廊内院最先是修道院的中心场所，由内部花园和围绕在四周的长廊构成，而长廊上的拱孔开向花园。在另一种概念中，回廊内院也代指作为封闭建筑整体的整座修道院。该词在这两种情况中的基本含义都有"封闭"和"禁区"的意思。"回廊内院"这个词的拉丁词源是"claustrum"，由动词"claudere"派生出，意指关闭。

回廊内院的意象世界，是封闭的意象，在基督教意象世界中与花园的意象紧密相连。最典型的中世纪花园是"封闭的花园"，这块禁区守护着修士们的农牧产品；同时作为精神性空间，自11、12世纪起，开始与圣母的形象相联结。圣母历经人间的磨难之后，要么在圣母升天节之后升入天堂，要么栖身于一座封闭的花园中。作为封闭的花园回廊内院其根本含义指向天堂，实际上，中世纪的象征思想经常把修道院的回廊内院比作天堂。

除了"天上的耶路撒冷"这个形象之外，回廊内院还隐喻着心灵和内在之人，它是基督教意识形态的组成部分，意即在喧嚣的世界中保持内心的平和，同时与"漂泊之人"（homo viator）的流浪形成对比和补充。

因此，回廊内院体现了中世纪具有双重性的基督教的其中一面，同时也是欧洲的感性精神的流露。如果说我们已经看到骑士与中世纪的人类空间的基本关系是流浪，那么与之对立、相互补充的一面就是和一个特定地点的联系，用修士的话说就是"静止之所"（stabilitas loci）。如此来看，中世纪的西方男性——有时也会是女性——在一个定点和远方之间游移。

回廊内院最早出现于4世纪西方的修道院建筑当中。9世纪初加洛林王朝时期的一份文件证明，回廊内院在基督教的修道院中取得了结构与功能的双重中心地位。这份文件是位于现今瑞士的圣加伦的修道院的平面图，它不仅是现实修道院的反映，也呈现了理想化的修道院的形象。回廊内院，广义上也可称为修道院，看起来像是自给自足的城市。城市中心当然就是教堂和它附属的回廊内院。修道院和它的附属建筑物扩展为真正的城市的梦想，被加洛林王朝时期皮卡第地区的圣里基耶修道院实现了。

修道院的回廊内院遍地开花的时期可追溯到罗曼风格时期（11—12世纪），现代人的审美观念自动认为现存的罗曼式回廊内院（比如普罗旺斯的）是中世纪

穆瓦萨克回廊内院。12世纪是罗曼式回廊内院最重要的时期，在法国南部和西班牙有许多杰作保存至今，穆瓦萨克回廊内院是其中最漂亮的作品之一。

建筑遗留给我们的最漂亮的回廊内院，而我们已经看到最杰出的主教座堂则是哥特式风格的。我们从这种不同中可以看出中世纪的意识形态与精神感性的特点：内在与开放的对比。回廊内院作为修道院的内部空间，是一处最能展现修士团体的宗教精神以及个人虔诚的场所，也照应了"修士"（monos，希腊语意为"独自"）一词的意义。回廊内院是个人祈祷的场所，是基督教基本的虔诚训练——祷告的最佳环境。然而回廊内院的长廊也可以成为集体祈祷游行的舞台，比如修士的宗教仪式游行。

经过12世纪的一系列改革——其中最著名的改革是西多会改革——回廊内院在修道院生活中的重要性似乎达到了顶峰。对回廊内院的歌颂是12世纪的修道院精神及文学中的一个重要主题。体现这种虔诚之心的最著名的两个证据是两部作品，第一部是本笃会修士皮埃尔·德·塞勒（逝于1183）的《回廊内院学校》（*L'École du cloître*），第二部是《灵魂的回廊内院》（*De claustro animae*），作者是靠近科尔比的奥古斯丁教派的议事司铎——富伊瓦的于格（逝于1174）。皮埃尔·德·塞勒强调回廊内院的美德在于灵魂的宁静（quies）、能够全身心投入祈

祷的悠闲（otium）。而富伊瓦的于格对回廊内院的不同部分赋予了极具寓意的诠释。我们可以很清楚地看到，回廊内院是孤独和沉思的生活的象征表达，与劳动生活形成了对比。

修道院的属灵特性，尤其在本笃会中，往往通过艺术尤其是雕塑表现出来，这些雕塑同时还是献给上帝的敬意以及净化灵魂的方式，因此回廊内院的长廊通常都装饰有壮观的雕塑。其中最漂亮的有法国西南部的穆瓦萨克回廊内院和普罗旺斯地区的阿尔勒的圣特罗菲姆回廊内院。

托钵修会进入城市后，他们居住的建筑不再称为修道院，而是称为隐修院，不过仍保留了回廊内院这一内部空间，从此它便历经各种审美趣味的演变：哥特式、文艺复兴式以及巴洛克式。巴洛克式回廊内院的绝佳例证是17世纪初博罗米尼建在罗马的圣卡洛四喷泉教堂中的回廊内院。

封闭与隐修是回廊内院最根本的特点。这种理念及其应用特别被强加给了女性（或者由她们自己选择）。自5世纪开始，修女就必须严格服从隐修的教规。即便是托钵修会的修女，也都要隐修，圣克莱尔会的修女也是如此。修士却不同，

在一座回廊内院中举行的宗教游行仪式。回廊内院的长廊曾是仪式队伍行进的场所。该图是根据马格莱讷·霍滕内尔斯的版画创作的水彩画，展现了一座冉森派回廊内院中的宗教游行仪式。来源：17世纪，田园皇家港国立博物馆。

他们的传教热情经常召唤他们走出隐修院。教皇卜尼法斯八世于 1298 年颁布《危险敕令》（*Periculoso*），将隐修的誓愿扩大到所有的修女。16 世纪，当宗教改革运动废除了修道院、隐修院和隐修制时，天主教的反宗教改革运动却延长并加强了女性的隐修。严格的隐修制是阿维拉的特蕾莎的加尔默罗会改革的重要组成部分之一。米兰大主教卡洛·博罗梅奥也着力强调修女要严格遵守隐修的规定。特伦托会议颁布教令，决定对任何违背隐修誓言的修女予以开除教籍的处分。17 世纪初，弗朗索瓦·德·萨勒和让娜·德·尚塔尔被迫让他们

巴洛克式回廊内院。这座 17 世纪初由博罗米尼建造的回廊内院为罗马的圣卡洛四喷泉教堂增添了光彩。

新成立的修女会接受隐修制，虽然他们起初并不愿意照办。经历了大革命及无数的修道院和隐修院被关闭等一系列变动后，回廊内院的形象仍然同修女的形象紧密地联系在一起。这在 19 世纪时形成一对组合：一类乐善好施、积极活跃，比如圣樊尚德保罗会的修女们；一类封闭隐修，其中最有代表性的形象是加尔默罗会的修女。乔治·贝纳诺斯的作品《加尔默罗会修女的对话》（*Le Dialogue des carmélites*）被普朗克改编为歌剧，使女性与回廊内院之间想象的联系固化下来。

19 世纪末 20 世纪初，回廊内院成为一个中世纪修士天堂的怀旧形象。作为建筑中的杰作、众多雕塑的汇集地，它提起了许多富裕收藏家的兴趣，尤其吸引了美国的爱好者来此参观这一中世纪艺术的最高表现形式。雕塑家乔治·格雷·巴纳德自 1914 年起就开始收集欧洲中世纪修道院的各式碎块。1925 年，约翰·戴维森·洛克菲勒将巴纳德的收藏品买下来并捐赠给了纽约大都会艺术博物

馆。1926 年，博物馆筹备将其集中进行公开展览，地点在俯瞰哈德逊河的高地上的一座附属建筑物中。就是在这里，尤其是圣-吉莱-勒-德塞尔修道院和圣-米歇尔-德-屈克萨修道院的回廊内院几乎完整地得到了再现，这两座经过迁移和复原的回廊内院被其他的雕塑、挂毯和建筑碎块围绕着。这座建筑的名字就叫作"回廊内院"（The Cloisters）。回廊内院的意象世界在现代美国的代表性城市中得到了回忆与重生。

  如今大部分修道院都被遗弃，空旷的回廊内院因为能够引起人们对孤独和天堂的想象而变得神秘，这个场所为音乐活动提供了绝佳的环境，贝里地区的努瓦拉克回廊内院是其中最有名的例子之一。就这样，在今天的欧洲意象世界里，回廊内院既具有失落的天堂的形象，又成为毁弃或对外开放的监狱。

回廊内院在19世纪成为举行管弦乐团音乐会的世俗化场所。德加的这幅画描绘了迈尔贝尔的芭蕾舞剧《魔鬼罗贝尔》的舞台前乐池中音乐家们的脑袋。来源：1872，伦敦，维多利亚和阿尔伯特博物馆。

左图:《安乐乡》。老勃鲁盖尔的这幅著名的画作将懒惰与口腹之欲结合起来。三位沉睡者和一位卖圆馅饼的商人昏昏欲睡,他们都在消食。丰富的食物从天上掉下来。来源:1567,慕尼黑,老绘画陈列馆。

右图:食物和饮料的天堂。一位大腹便便的老饕,头顶一口平底锅,手持烤肉的铁钎,跨坐在一个巨大的酒桶上。老勃鲁盖尔,《狂欢节与封斋期之争》(局部),1559,维也纳,艺术史博物馆。

安乐乡

Cocagne

它作为想象中的国度出现在 13 世纪初的一则古法语韵文故事中。

安乐乡和城市地名的关系。罗马有一条老街名字叫"安乐乡街"。

这个中世纪意象世界的创造物通过三份手稿流传下来：约 1250 年的原始手稿，加上两份 14 世纪初的抄本。"Cocagne"这个词在当时并不为人所知，词源现在也还不清楚。文献学家想查证它源于晚期拉丁语或是普罗旺斯方言，欲将"安乐乡"一词与美味佳肴相联系的种种努力最终也毫无结果。安乐乡完全是中世纪意象世界的产物。

该词首次出现于法语，随后很快出现在多个语言中：英语（Cokaygne 或 Cockaigne）、意大利语（Cuccagna）、西班牙语（Cucaña）。德意志人采用了另一个词——"Schlaraffenland"，其词源也不甚清楚。13 世纪有关安乐乡的一篇韵文故事由 200 行八音节诗句构成，讲述了作者在一个想象中的国度游历的故事，作者佚名。这次旅行其实是教皇对他的惩罚，然而他因此踏上了"一方处处都是奇迹的土地"。这是一块"得到上帝和圣人降福"的土地，名为安乐乡。它的神奇特征很快便解释了这个名字的由来："睡得越多的人收获越多。"因此睡眠是一切利益的来源。我想此处应该是在影射放高利贷的人，他们睡大觉，利润却随之而增长。因此，该寓言一开始就与 13 世纪的道德观念唱对台戏。这个国家房子的墙壁用鱼砌成，有"狼鲈、鲑鱼和西鲱"，椽子是用鲟鱼做的，屋顶是培根，木板（板条）是香肠，麦田里的围篱是烤肉和火腿；大街上，肥鹅插在铁钎上自己转动着烤，还随时加点大蒜调料。在所有的马路、小道和大街上，处处都是摆好的餐桌，上面铺着洁白的桌布。所有人都可以坐下大吃大喝，毫无禁忌，有鱼有肉，有鹿肉有鸟肉，有烤的有炖的，而且一分钱都不用付。这个国家流淌着一条葡萄酒溪，上面漂着会自行斟满酒的玻璃杯、金质或银质的有盖高脚杯。小溪一半是最优质的红葡萄酒，如博纳或海外的红酒；另外一半是上乘的白葡萄酒，像欧塞尔、拉罗谢尔或托内尔白葡萄酒。这些也全都是免费的。这里的居民毫不粗鲁，而且英勇果敢、彬彬有礼。除了这些数量和质量兼备的丰盛佳肴，这里的历法也非常特别，好似专为享乐而制定。一个月有六周，每年有四次复活节、四次圣约翰节、四次葡萄收获，每天都是过节，每天都是周日，还有四次诸圣瞻礼节、四次圣诞节、四次圣蜡节、四次狂欢节，每二十年才有一个封斋期。

接下来作者又回到食物上来，他再次确认人们可以在任何时候吃任何东西，不得强制任何人守斋。他已经提到过人们可以毫无限制地享用食物，现在强调"只要敢做，不得禁止"（que nus desfendre ne leur ose）。这让我们不禁想起1968年5月的标语："严禁'禁止'"*。似乎社会中没有任何禁令的乌托邦也可以上溯到13世纪的安乐乡。那个时代还被我们社会的其他基本关注点——性和工作——所环绕，安乐乡的寓言也没有忽略它们。

在结束对食物的描写之前，我们还要提到，这个国家每周会有三天下雨，下的是热腾腾的猪血香肠。随后，作者转而对金钱进行彻底的批评，并主张将其取消。"这个国家如此富有，以至于我们在田野中到处都能发现装满钱币的钱包，里面甚至有外国的金币，如穆拉比特王朝和拜占庭帝国的金币，但是它们没有什么用，因为所有的东西都免费，这个国家里没有买卖交易。"寓言的作者在此抨击的其实是13世纪急剧增长的货币经济。

现在来看对性的描写。这里的女性，不管夫人还是小姐都非常漂亮，每个男人都可以选择自己喜欢的女性，而且没人会感到不满。每个人都自由自在地纵情享乐。这些女性不会因此受到指责，反而受到尊重。如果一位夫人偶然看到一位她喜欢的男性，则可以直接在大街上占有他，尽情享乐，如此双方皆得幸福。在我看来，这里让人惊讶的还并不是自由性行为的幻想，就像我们在那个时代描写印度奇观的文本中所看到的那样，而应该是男女之间在性行为面前出奇平等这件事。教会在1215年刚刚严令婚姻要同时取得男女双方的同意，不分贵贱。男女之间的平等在安乐乡中被发挥到了极致。中世纪的男性也并不像我们常说的那样全部都歧视女性。

有人可能预计书中会有对裸体的实践和称颂，但裸体并没有什么神奇之处，神奇之处反而在衣服上。奇观，正是那些服装。这个国家的呢绒商非常善良，每

---

* 这是当时在法国发生的"五月风暴"中的一句口号。

月都会分发各种衣服，有淡褐色、猩红色、紫罗兰色或绿色的长袍，衣料则有上好羊毛或粗制羊毛、亚历山大里亚的丝绸、条纹布或骆驼毛布。有许多颜色的衣服任君选择，或是灰色，或镶有貂皮花边。在这片幸福的土地上，鞋匠也非常能干，他们会分发系带的鞋子、靴子和夏季的浅鞋，设计非常合脚，每天有 300 双任人选择。

书中还有另外一个奇观，就是能让男人和女人返老还童的青春之泉。所有的人，不管多么年老，不管是银发苍苍还是头发花白，都能回到 30 岁（这是假设耶稣开始传道时的年龄）。

来到这个国家又离开的人真的是疯了。"我正是这样做的，"寓言的作者承认，"因为我想要回去，带我的朋友们一起来这个幸福的国度，但是我再也找不到过去的路了。如果你们在自己的土地上还算好的话，不要尝试离开，因为一旦试图改变，只会带来损失。"

安乐乡的寓言或许躲过了全面的摧毁，首先当然是因为它披着基督教的外衣，尤其可能是因为它最后的结论不是呼吁反抗，而是主张顺从。它所培育的乌托邦功能的问题，可以说是一种挑战，也可以说是一种发泄。安乐乡这座失落的天堂是古代哲学中的精英式黄金年代表现在中世纪的通俗形式。这是一种追求富裕的梦想，暴露出中世纪人民最大的恐惧——饥饿；是一种追求自由的梦想，谴责了各种禁忌以及教会统治造成的重压；是一种追求与其说是懒散，不如说是悠闲生活的梦想，至少是在不断增加的工作负担面前要求应有的闲暇，劳动给人带来的荣誉只是为了更好地控制劳动者；最后是一种追求年轻的梦想，中世纪男人和女人短暂的平均寿命也滋养着这个梦想。然而在我看来，本书中最惹人注意的部分还是对教会和宗教把控时间的控诉，拥有一部幸福日历也是各个社会的意象世界中的一大梦想。

安乐乡寓言的终极梦想是享乐。在我看来，这足以将其和同时代的宗教异端彻底区分开来，后者一般都是严守教规的异教徒，否定肉体、物质和快乐，比起教会则有过之而无不及。安乐乡很可能招致那些清洁派教徒的憎恶。

有人曾经将安乐乡同《古兰经》中的天堂联系起来，我对此持保留

青春之泉。社会各阶层的年迈的男男女女回到原始的赤身裸体,在泉水浴中嬉戏,玩着爱情游戏。青春之泉返老还童的神水使他们恢复青春、再次享乐。来源:雅克利奥·贾科莫绘,《青春之泉》,15世纪,曼托瓦城堡。

左图：一个大腹便便的男人和一个面容憔悴的女人表现了安乐乡带来的快乐与教会用斋戒强制的苦修之间的强烈对比。来源：老勃鲁盖尔，《狂欢节与封斋期之争》，1559，维也纳，艺术史博物馆。

右图：夺彩竿。作为庙会节庆流行的娱乐活动，夺彩竿后来被政治化了。这张粉彩纸画表现了1815年镇压了法国大革命、打败了拿破仑的同盟国支撑着法国复辟国王路易十八的图景，后者只是一个傀儡。来源：沙托鲁，贝特朗博物馆。

MAT DE COCAGNE
No. 1er
XVIII.
soutenez moi la tête
No. 2
c'est pour la seconde fois n'y revenez pas
No. 3
Le fardeau est lourd mais il me payera cher.
No. 4
Je n'y suis que pour la Gloire et la Pologne
No. 5
J'y suis pourtant monté deux fois tout seul.
No. 6

夺彩竿，儿童游戏。在罗马市民惊讶的眼光下，儿童们以攀爬夺彩竿为乐，这根夺彩竿还会提供礼物给孩子们。来源：罗马，民间艺术和传统博物馆。

意见。我几乎不相信两者之间存在影响。即便两者有一些相似之处，在我看来也应该在东西方从前的异教信仰的相似性中寻找原因。

安乐乡这个乌托邦一直保留在欧洲意象世界中，然而我要在此区分两个阶段。在第一个阶段，这个主题合并到滑稽故事文学中，安乐乡有幸被薄伽丘写入《十日谈》（*Décaméron*）里。第二个阶段中，安乐乡与对现状表达不满的其他主题相融合，我认为其中有三个主题最重要。其一是已经出现在韵文故事中的"青春之泉"主题，其二是几乎与寓言"封斋期与开斋期之争"同时代的"狂欢节与封斋期之争"主题，其三是"颠倒的世界"主题。这些主题在16世纪的文学、艺术和意象世界中经常出现。吸引我注意的是伟大的画家老勃鲁盖尔曾同时创作过有关安乐乡（唯一一份展现安乐乡主题的杰出绘画作品，它注重刻画悠闲的生活、酣睡和富态的身躯）和狂欢节与封斋期之争的作品。现代批评家在安乐乡的寓言中或看到"自我安慰的梦想"，或看到"社会性乌托邦"（捷克历史学家格劳斯持该观点）、"反教权"的乌托邦、"逃避现实"的乌托邦、"民俗的"或"大众的"乌托邦。

无论要想历史地把握我们所说的民俗文化有多么困难，我都认为这类文化为安乐乡的时代划定了历史框架，即便中世纪基督教倾向于将其视作异教文化。13世纪的韵文故事或许汇集了许多异教传统。而在现代，可能是自18世纪起，安乐乡这个乌托邦成为无关紧要的儿童游戏。可能是受五月树*（这条线索应该继续考证下去）的影响，安乐乡继续存在于乡村地区，民俗节日中的一项活动借用了它的名字——夺彩竿（le mât de cocagne）。竿的顶端放有奖品，通常是吃的东西，比如甜食。参加者一般是儿童，他们必须爬到竿的最高处把奖品拿下来。最早记载夺彩竿的应该是一部编年史，即《一位巴黎市民的日记》（Journal d'un bourgeois de Paris），其中记载 1425 年时，巴黎处于英格兰人和勃艮第人的统治之下，但是巴黎人的娱乐活动并没有因此而减少：

> 圣勒与圣吉勒节正好是 9 月 1 日，星期六，一些教区居民提议玩一个新的游戏：他们把一根高达 6 托阿斯（约合 11.7 米）的长竿埋入地里，并在顶端放了一个篮子，里面盛有一只肥鹅，6 枚钱币，还在竿上涂了油。随后他们大喊，谁能不借助任何东西爬上去碰到这只鹅，谁就可以把长竿、篮子、肥鹅和 6 枚钱币都拿回家。但是不管多么善爬的人，都没能成功。到了晚上，一个年轻的仆人爬上去抓到了鹅，但是没有拿到篮子，也没有拿到钱币和长竿。这件事发生在鹅街的坎康普瓦前。[1]

夺彩竿成为集会节庆的娱乐互动，这显示，在意象世界中继续流传的神奇传说在我们的社会历史中各有不同的发展之路。

---

* 该传统与树木返青重新长出树叶有关，它象征生育繁殖，要求在五月份种植一棵树或者竖起一根巨大的竿代表树木。该传统在西欧和北欧尤为盛行。

左图：罗曼时代，杂耍艺人通过手舞足蹈提供消遣，展示身体的邪恶奥秘。来源：12世纪，里昂，美术博物馆。

右图：绘在书页边缘空白处的杂耍艺人。封建时代，书页边缘是恶作剧和玩笑的藏身之处。该图是13世纪的《梅林历史》一书中的装饰图案的一部分，突出了杂耍艺人的身体姿势，并将战士的剑当作表演的道具，这预示了马戏团的出现。来源：Ms fr. 95, fol. 318，巴黎，法国国家图书馆。

杂耍艺人
Le jongleur

杂耍艺人即逗乐者,该词来源于拉丁语『jocus』,意为游戏。

supne dispensationis insinuans: de elect

变戏法的杂耍艺人。12世纪，严肃的西多会修士不顾圣贝尔纳的愤慨，装饰了格列高利一世所写的修士祈祷的根本指南《约伯记诠释》一书中章节起首的大号字母。这里的字母 H 整体代表变戏法的杂耍艺人的魔术表演。不管年轻还是年老，每个年龄层的人都可能做杂耍艺人，他们借助动物——猴子和野兔来表演，这两种动物具有邪恶和不道德的象征义。来源：Ms 173, fol. 66r°，第戎图书馆。

杂耍艺人在中世纪的社会与文化中有着暧昧的身份和形象。因为在这种社会、这种文化中，享乐颇为暧昧。杂耍艺人是典型的具有暧昧特点的英雄。埃德蒙·法拉尔将杂耍艺人看作古代滑稽剧演员的继承者。他们与10到12世纪新兴的封建社会之间紧密的联系尤其使我震惊。然而不可否认，他们继承了异教逗乐者的一部分遗产，尤其是凯尔特社会的游吟诗人。杂耍艺人是到处漂泊的逗乐者，哪里喜欢看杂技，哪里有利可图，他们就去哪里，也就是说他们基本都在领主的城堡中谋生。这些逗乐者什么都会做。他们朗诵诗歌、讲故事，是"靠嘴"谋生的杂耍艺人，但他们不是这些文字的作者，法国南北方的游吟诗人才是作者，他们只是表演者。

同时，他们也靠肢体动作表演，是能做柔术表演的杂技演员。如果用现代的词语来称呼杂耍艺人，那他们就是舞蹈家，但通常要更滑稽一些。最后他们还是音乐家，唱歌时通常有鲁特琴和手摇弦琴伴奏。然而这一切都取决于杂耍艺人的表演内容和他赋予这个职业的意义。杂耍艺人在某种意义上是人类双重人性的体现——由上帝创造，但因原罪而堕落。他们的思想和行为可以倾向善的一方，也可以倾向恶的一方；既可以表现出他们是上帝按照自己的形象所创造出的儿女，也可以成为魔鬼操纵的罪人。他们既可以是上帝的艺人，也可以是魔鬼的艺人。说到底，他们的戏剧形象代表了所有中世纪英雄的基本特质：既是英雄人物，在某些时候也是罪人，可能离开上帝去服侍撒旦。中世纪道德观的一大任务就是甄别中世纪英雄的行为中的善与恶、分清纯洁与不洁。这类思考集中于中世纪大众的职业上。这些职业合乎规范，还是不合规范？对杂耍艺人来说，他们工作的目标是带来乐趣，但他们引发的乐趣是一种合乎规范的欲望，还是不合乎规范的？一部在研究中世纪的学者圈子中很有名的作品将13世纪初的杂耍艺人做了好坏的区分。这个文本展现了两种思潮的发展历史，它们都有力地提出了职业双重性的问题。一方面是经院派的方法，一种批判的方式，一种区别、整理、归类的方法，因此它力求分清真与假、合乎还是不合规范、等等；另一方面是附耳告解方式的进步。1215年召开的第四次拉特朗大公会议规定必须遵行这一告解方式，它力求定义每一个职业给社会和道德带来的益处和危险。正是在1215年前不久的一本听告解的神甫的使用手册中，曾在巴黎大学学习过的英格兰人乔伯姆的托马斯就对好坏杂耍艺人做了区分。根据乔伯姆的托马斯的说法，坏的杂耍艺人不知羞耻

（turpis），在放肆、过分、裸露癖的言语和动作（scurrilitas）前不知收敛，他们的身体不服从精神，就是个丑角，用下流的指手画脚（gesticulatio）代替得体的行为举止。相反，其他的杂耍艺人则值得称颂，他们"高歌王公贵族们的丰功伟绩和圣徒的生平，他们为生病或焦虑的人带去安慰，他们不会像那些演杂技的男女那样表演过多下流的行为，也和那些表演不光彩节目、用附身等方式召唤鬼魂的人不一样"。

无论是否符合规范，杂耍艺人都处在道德、教会和封建社会接纳的边缘。他们展现出中世纪英雄的脆弱的社会地位。比起其他英雄，他们更倾向于生活在社会边缘，如果我们经常看到他们出现在各种手稿的书页边缘的插图中的话，就会发现这实际上并非偶然。《圣经》中也有一位著名的杂耍艺人，他就是大卫。大卫是一位能玩游戏，也能唱歌、跳舞的国王。诚然，他也有弱点，尤其是在面对拔示巴时，他抵挡不住她的魅力，而犯下通奸的罪行，但他仍是一位光辉的典范，就在教会和社会鄙视和排挤杂耍艺人之时，正是他支持了他们。

据米歇尔·津克所说，在 12 世纪的封建社会中使杂耍艺人重获尊重的是圣贝尔纳（逝世于 1153）。圣贝尔纳认为，杂耍艺人给世人提供了谦逊的榜样。而且，如果人们变得谦卑，就会像"杂耍艺人和杂技演员一般，头朝下，脚朝天，跟普通人的习惯正好相反，用双手走路，如此来吸引所有人的目光。这绝不是一个孩子气的游戏，也不是通过令人脸红的女性曲线激发欲望的戏剧把戏——后者总是表演一些下流的动作；这是一种舒适、体面、严肃，并且吸引人注意的娱乐表演，这种视角能够获得天上观众的欢心"。12 世纪的这个阶段，教会和基督徒在到底是为杂耍艺人正名还是彻底取缔这个职业的问题上分成了两派，为其辩护的有圣贝尔纳，而同时代的欧坦的奥诺里于斯在《开明》（*Elucidarium*）一书中则明确提出将其废除。《开明》中一位弟子向老师提问："杂耍艺人还有救吗？"老师则回答："一点也没有，因为他们一心成为撒旦的奴才。他们被认为是不识得上帝的人，这就是为什么当小偷被嘲笑的时候，连上帝都报以鄙视的态度。""进步人士"阿贝拉尔也同样持此观点。他将杂耍艺人的表演看作一种"魔鬼的布道"。如果说杂耍艺人越来越倾向于被接受，甚至被称颂和赞美，主要是因为他们的形象在圣贝尔纳之后有所改善。实际上圣贝尔纳便因为谦卑而自称"上帝的杂耍艺人"。然而他也鄙视这些逗乐者，其态度接近那些狂热的基督徒，他们为了在上帝面前卑

圣母院的杂耍艺人。19 和 20 世纪，很自然地出现了一类中世纪故事：圣母走下台座鼓励和感谢在她雕像前献艺的杂耍艺人。英国画家格林·沃伦·菲尔波特（1884—1937）展示了在中世纪装饰的背景下，头戴后冠的圣母为一位健壮的杂耍艺人擦拭额头上汗珠的画面。来源：私人收藏。

躬屈节而变得疯疯癫癫。

13 世纪，杂耍艺人终于真正成为正面人物，这大部分要归功于托钵修会。我们看到他们和阿西西的圣方济各联系在一起。圣方济各自称"上帝的杂耍艺人"，中世纪没有人比他的立场更加坚定。然而，他进一步说明他是"动嘴"的杂耍艺人，也就是说尽量回避了手舞足蹈。他认为借助自身擅长讲述以及深孚众望的性格特点，他的布道符合杂耍艺人拯救者的身份。还是在 13 世纪，方济各会传道者尼古拉·德·比亚尔将听告解的神甫和杂耍艺人联系起来：

这张 1904 年的海报展现了由马斯内作曲的圣母院的杂耍艺人的故事。这个场景比前页的更加戏剧化。来源：巴黎，法国国家图书馆。

"杂耍艺人，可以说是一群通过精妙的话语和动作逗上帝和圣人开心欢笑的听告解的神甫。听告解的神甫在教堂中读经，而杂耍艺人则歌唱，讲罗曼语，也就是说，杂耍艺人将拉丁语经书的内容在布道时用罗曼语讲给世俗之人。"需要说明，从圣贝尔纳到圣方济各，再到尼古拉·德·比亚尔，基督教徒表达幸福和愉快的方式发生了革命性的变化。在那之前，尤其像在修道院这种地方，笑还被抑制，但是此时解放了。圣方济各是一位善于笑的圣人，他还把笑看作是他的灵性的一种表现，也就是说，对于那些看到和听到他笑的人来说，笑也是他的圣洁性的表现。另一位方济各会修士罗杰·培根建议"将布道建立在一种感情充沛的修辞学上，借助手势、模仿，甚至是音乐和杂耍艺人的艺术手法"。13 世纪末期，加泰罗尼亚人拉蒙·柳利那富有教益的小说将身价颇高的杂耍艺人搬到前台。杂耍艺人不再只是欢笑的散布者，他们还成为文学中的主人公，尤其是在他们从杂耍艺人变成游吟诗人之后。

　　这种变化与社会变革，与心理、文化的演变有关。为了讨生活，到处漂泊的杂耍艺人参照其他定居在城市和城堡中的工作，逐渐稳定下来，常驻一地，取悦那些资助文学和艺术事业的领主。同时，音乐的开放以及专业音乐人演奏的新型乐器的普及使音乐或多或少地退出了他们的表演。在巴黎，过去有一条名叫"杂耍艺人"的街道，表明这个被大家承认的职业的形成；在中世纪末期，这条街改名为"吟游乐师"街，也就是现在的朗比托街。

　　作为文学中的主人公，游吟诗人曾出现在阿德内·勒·鲁瓦的小说《克莱奥马德》(*Cléomadès*，约 1260) 中。

> 一位真正的游吟诗人应避免
> 损害和诽谤他人；
> 任何言词，只要稍微有一点坏话，
> 也不应从他口中说出。
> 他应该随时准备
> 在他经过的所有地方宣扬善事。
> 如此行事的人方能得到保佑！

　　另一位游吟诗人活跃于 13 世纪中叶的香槟和洛林地区，他就是科林·穆塞特。他的歌唱曾很好地表现出杂耍艺人不稳定的现状，他们总想要成为常驻的吟游诗人。他曾向一位吝啬的领主唱道：

> 伯爵大人，在您的家中，
> 我整夜守在您的面前，
> 您却连一点赏赐都没有，
> 甚至也不发工资：
> 这简直是耻辱！
> 我向圣母玛利亚保证，
> 我不会再追随你。

杂耍艺人和滑稽动作。阿尔坎杰洛·图卡洛的这幅版画雕刻于 1599 年，它将我们带回马戏团诞生之初。图中的杂耍艺人借助一张椅子或长凳在表演所谓的"猫跳"动作。

> 我的腰包已掏空，
> 我的钱袋也不再丰满。

此外，有一部富有教益的短篇故事歌颂了杂耍艺人的角色，称他们能够将其职业和机灵的特点内化，丝毫不需要寻找公众来欣赏。这里指的是圣母院的杂耍艺人，他们独自一人在圣母和圣子的塑像前表演，将才华和汗水奉献给玛利亚和耶稣。这件事之所以被人知道并成为虔诚的典范，是因为有修士和修道院院长无意中撞见了他们寂寞的表演。几个世纪以来，《圣母院的杂耍艺人》（*Le Jongleur de Notre-Dame*）一直都是一部富有启发性的知名作品，它为杂耍艺人的英雄形象续写了新的篇章。其中一个成果是马斯内在回归中世纪音乐与感性的风潮影响下、在格列高利圣咏的复兴中和圣乐学校的启发下于 1902 年创作的歌剧。

然而，在此期间，杂耍艺人的形象已经发生了深刻的改变。与之相关的事件是娱乐界一大新兴产物的出现——16 世纪下半叶诞生的马戏团。杂耍艺人在此之后仅仅只是马戏团众多演员中的一位专业艺人。他们在马戏团中表演戏法，通过敏捷的身手在重重危险动作中给人带来乐趣。原来的杂技艺人变成空中杂技演员，与杂耍艺人有所差别，而那些动嘴的杂耍艺人则成为全新的逗乐者，在现代世界拥有传奇命运——小丑。该词出现于 16 世纪下半叶的英语中，然后很快就影响到法语，出现以下几种词形：cloyne, cloine（1563），clowne（1567），cloune（1570）。在 16 世纪的英格兰，小丑是一类逗人发笑的粗俗之人，但他们也在莎士比亚的

戏剧中取得了一席之地，而莎士比亚的戏剧可以说是中世纪文化和情感的高峰和高潮。另外，小丑也继承了中世纪英雄的其中一种——介于笑与泪之间的形象。

除了灵巧的双手之外，杂耍艺人还借鉴了其他地区的传统，以丰富自己的工作和节目单，如来自遥远中国的传统，还有来自19世纪美国马戏团的成功经验。今日的杂耍艺人已不能完全恢复往昔的形象，尽管世人为其赋予隐喻，半是赞赏、半是谴责地将现代杂耍艺人，尤其是政客和金融家的贪污行为比作杂耍。杂耍艺人是生活在社会边缘的英雄的例子，他们在现代和当代的意象世界中，逐渐剥蚀隐没。

富有隐喻含义的杂耍。在现代，就像图中展示的表演一样，人们将杂耍艺人比作各类弄虚作假的骗子，已然脱离马戏团的娱乐和节庆的语境。图中的人物是克里孟梭，从颇具争议的角度看，他正在表演杂耍，手中抛的是巴拿马运河公司的股份和金钱。《小巴黎人报》插图副刊，1893年8月19日。

左图：猎人、少女和独角兽。中世纪的动物寓言集将独角兽看作一种真实存在的动物，它们被赋予了象征性的含义。图中的独角兽被一个骑士或猎人追击并被长枪刺伤，它逃到一位少女的怀抱中寻求庇护，然而少女实际上是一个诱饵。来源：王家手稿，12 F. XIII, fol.10 v°，13世纪上半叶，伦敦，大英博物馆。

右图：《自然历史的秘密，全世界的奇观和值得纪念的事物》，约1480，ms fr. 22971, fol.20，巴黎，法国国家图书馆。

独角兽

La licorne

本节用独角兽引出对动物世界的介绍，后者无论是在中世纪的意象世界中，还是在今天的意象世界中，都占据着非常重要的地位。

中世纪的英雄中，除了历史人物或真实事物，还有一些虚构事物，独角兽就是其中一个很好的例子。如那些英雄人物一般，独角兽的命运一方面说明中世纪的人在很长一段时间中对虚构和现实的界线毫不在乎，另一方面也展示出他们对富有象征意义的非凡英雄的激情。

独角兽是古希腊罗马文化留给中世纪的遗产。中世纪早期的教父、基督教作家在一本著作中发现了独角兽的踪迹，这本书也是赋予了动物在中世纪西方文化中重要地位的原始资料。该书为《自然史学》（*Physiologus*），为希腊文作品，创作于2至4世纪的亚历山大里亚，作者可能是诺斯替主义信徒，书中充满了象征性的宗教虔诚，该书后来很快被译成拉丁语。独角兽的成功要归功于它的美学气质，尤其要归功于它在中世纪感性世界中与耶稣和圣母的亲密关系。独角兽在古典文献中三次被提及，这有两次是在老普林尼的《博物志》（*Histoire naturelle*，第8卷第31章第76节）和3世纪的多题材作家索林的《要事集》（*Collectanea rerum memorabilium*）中，后者为中世纪贡献了大量的奇观景象。但最关键的还是《自然史学》对独角兽的描述：

> 独角兽体形较小，但野性十足，前额有角。没有猎人能抓住它，除非使用诡计。可以遣一位少女在独角兽生活的区域吸引它，独角兽一看到她，就会跃入她的怀抱。随后猎人将其捕捉，送到国王的宫殿中去。

随后，通过多部重要作品重复加强，独角兽被引入到中世纪的伪科学和象征世界中，这些作品有格列高利一世的《约伯记诠释》（*Moralia in Job*，第31章第15节）、塞维利亚的伊西多尔的《词源学》（*Etymologiae*，第12卷第2章第12—13节）、比德的《诗篇评论》（*Commentaires des Psaumes*，第77篇诗歌的评论）和赫拉班的百科全书《论宇宙》（*De rerum natura*，第8卷第1章）。独角兽在12世纪进入广受欢迎的诗篇《布兰诗歌》（*Carmina Burana*）中，足以证明它的成功。此外，独角兽还进一步成为各类动物寓言集中的重要形象，这些寓言集具有半科学、半虚构的性质，但是都充满了道德说教，将搜罗到的各种现实和虚构的动物置于同一种信仰和吸引力中。

对独角兽的描述大体上都是在复述《自然史学》的原文。独角兽是一种非常

独角兽 121

图中展示的是独角兽和其他三种现实存在的动物——狮子、雄鹿和马,出自13世纪著名的百科全书的彩色手抄本《事物本性》,作者为英格兰人巴塞洛缪斯。这部手稿是15世纪从拉丁语翻译过来的法语版。来源:Ms 339, fol.1271 r°,尚蒂伊,孔代博物馆。

凶猛的动物,任何靠近它的猎人都会被它用角杀死;但如果遇到一位少女,它就会扑到她的怀里,少女会给它喂奶,然后就可以抓住它。女孩的贞洁是捕猎成功必不可少的条件。

和所有其他古代文化遗留下的形象一样,独角兽的角色在中世纪也经历了一个基督教化的过程。独角兽象征救世主的形象,它的角成为一只拯救之角,而且将圣母玛利亚的怀抱当作它的居所。它成为《约翰福音》(1:14)中一段话的注解:"道成了肉身,住在我们中间。"独角兽还让人联想到最有代表性的少女——玛利亚。对独角兽的围捕以寓言的形式展示了耶稣化身降生的奥秘,而独角兽本身在其中就代表"独角圣灵的基督"(Christus spiritualis unicornis),它的角象征基督的十字架。独角兽同时与圣母玛利亚和耶稣基督成为统一体，就这样进入了基督教象征体系的中心，而且这种双重统一使得某些历史学家借助中世纪独角兽双重象征的含义，坚持认为基督教具有双性同体的特点。或许，欧洲意象世界中的独角兽形象就是双性人的原型。

诺曼底的纪尧姆·勒·克莱尔于1210—1211年创作的《神圣动物寓言集》（*Le Bestiaire divin*）是法语韵文中最长的动物寓言集，其中的诗歌节选《独角兽》（*La licorne*）是这种信仰的很好例证。

> 我们将要讲述独角兽的故事：
> 这是一种独角动物，
> 角长在前额中央。
> 这种野兽是如此的鲁莽，
> 如此好斗且如此大胆，
> 它甚至能攻击大象，
> 这是世界上最厉害的动物。
> 独角兽有着非常坚硬和锋利的兽蹄，
> 它甚至会主动与大象交战，
> 它蹄端的趾甲是如此的锐利，
> 所及之处，无可抵挡，
> 敌人不是被刺穿就是被撕裂。
> 一旦独角兽攻击大象，
> 后者无力自卫，
> 因为它用刀片一般锋利的蹄爪，
> 凶猛地攻击大象的腹部，
> 大象最终被开膛破肚。
> 这种野兽力大无穷，
> 不惧怕任何猎人。
> 那些想要尝试用诡计
> 抓捕并将它捆绑起来的人，

可以趁它到大山或山谷中
嬉戏玩耍之时，
一旦他们发现它的宿地，
精心掩盖好自己的足迹，
他们就可以去找一位
他们知道还是处女的小姐；
然后让她坐在野兽的巢穴边，
等待着将其抓获。
独角兽一回来，
看到这位年轻的女孩，
就会立刻径直走向她，
在她的怀中睡去；
这时，在一旁窥伺的猎人突然出现；
在那儿，他们控制住它，将其捆缚起来，
随后他们粗暴又急躁地，
把它押送到国王面前。
这珍奇的野兽，
额头上只长有一只角，
它代表我们的主
耶稣基督，我们的救世主。
他是天上的独角兽，
从前居住在我们非常敬仰的
圣母的怀抱中；
在圣母身上，他道成肉身，
就这样出现在世人眼前；
他的子民不认识他。
那些犹太人还要监视他，
最终将其抓住捆绑起来；
他们把他押到彼拉多面前，

>在那儿，他被他们判处死刑。

诗的结尾显示出意象世界在中世纪是如何被用来激发最可鄙的激情并为其辩护的。这里，独角兽被反犹太教的思想所裹挟，这种思想是后来排犹主义的萌芽。

然而，独角兽的主题在中世纪期间逐渐倾向于缓和，尤其是后来出现在和爱情相关的奇观世界中。于是，著名的游吟诗人——香槟伯爵蒂博四世（1201—1253在位）在他的诗歌中自称伟大的宫廷诗歌里最完美的情人。在他一首最有名的诗歌中，他自比为独角兽：

>我就像那只独角兽，
>动情地凝视着
>迷惑它的年轻女孩，
>深受折磨，却也甘之如饴，
>欣喜若狂，投进她的怀抱，
>而后却被出卖，被杀。
>我亦如此，我的爱情和美人用同样的方式杀死我，
>是的，这是真的：
>他们偷走我的心，我再也无法找回。

同样也有人企图为独角兽在现实动物世界中寻得一席之地，其中最值得注意的是著名神学家大阿尔伯特的尝试，他的《论动物》（De animalibus）是中世纪最杰出的动物研究论著。他把它描述为有一只角的动物，比如有一只角的鱼只能是独角鲸，另外还有生活在群山和沙漠中的犀牛。不过，神话与大阿尔伯特的观点相吻合。据他所说，犀牛"喜欢年轻的少女，一旦看到她们，它就会走近并在她们身旁入睡"。如此看来，独角兽也成功地吸引了那些神学家。

中世纪的独角兽不仅仅滋养了中世纪基督徒的意象世界，还可以带给他们巨大的益处。正如许多中世纪的奇观一般，独角兽在意象世界与现实世界之间穿梭。在中世纪，相信独角兽真实存在的人开始不懈地在现实中寻找它的身影。他们认为可以将其看作是独角鲸或犀牛。显然，这无非是因为这两种动物都只有一只角，

然而，独角鲸的角只是一个实实在在的物件，而犀牛的角则具有象征意义，因为在中世纪的寓言世界中，犀牛是基督的化身之一。

但是独角兽的角到底有什么用呢？它的角是一种强效解毒剂，在中世纪，毒药是一种时刻萦绕在人们心头的危险，毒药也确实被广泛地使用。独角兽的角被视为一种解药，可以为人解毒，也可以预防中毒。这由此引发了世人，尤其是重要人物对它的寻求，它因此出现在一些教堂和王公贵族的宝库中。那些保存至今的"角"一般都是独角鲸的牙齿。在这些积攒的所谓独角兽的角中，最有名的要数圣德尼修道院宝库（现藏于克吕尼博物馆）和威尼斯的圣马可宝库中的角。

16世纪，存于圣德尼的独角兽的角出现在提供给弗朗索瓦二世（1559—1560在位）的财产清单上。清单第一条如此描述这只角：

> 这只独角兽的大角顶端有孔，镶有黄金，底座由三个黄金制成的独角兽的头颅支撑，仅有17马克1.5盎司重（约合4.2千克），长5尺3寸（约合170厘米），不含顶端的装饰黄金。如果将顶端和三个所谓的兽头的装饰包括在内，共计23.5马克（约合5.75千克），价值约1504埃居。

16世纪的让·博丹在他的《自然的舞台》（*Théâtre de la nature*）中如此写道：

> 我在此不敢保证在法国圣德尼展出的角就是麒麟或独角兽的角。不过它长超过6寸（约合195厘米），内部中空，可以盛1夸脱（约合1.86升）液体。人们赋予它解毒的奇妙功效，大众称它为独角兽的角。

解毒的功效要通过触摸独角兽的角方能实现，但只有富人和有权有势的人才有机会接触它，普通大众可以在市场上找到这种角制成的粉。对这种粉末的需求量很大，但供应也非常充足。[1]

正是在15世纪，受独角兽的启发，出现了最漂亮、最著名的艺术品，它使独角兽得以在今天人类的意象世界中还能够保有一席之地，这就是《贵妇人与独角兽》（*La Dame à la licorne*）壁毯。在与布萨克城堡所在的市政府长期交涉之后，克吕尼博物馆最终于1882年购得该艺术品。埃德蒙·迪索默拉尔在1883年的藏品目录的附录中写道:"(这是)他的职业生涯中最漂亮的一次收购,它此后成为克吕尼博物馆最著名的藏品。"该壁毯一共六帧,整体表现了"五种知觉"的主题。独角兽出现在寓意触觉的壁毯中,贵妇人把手放在独角兽的角上。而在象征视觉的壁毯上,贵妇人手持一面镜子,里面映出独角兽的形象。但是独角兽在这组壁毯中的最主要的角色还是携带纹章,纹章上题有铭文"我唯一的愿望"。

从中可以看出,这些象征性的图像基本是一种爱情指涉。有人将这件艺术品体现出的思想同伟大的神学家让·热尔松(1363—1429)的布道做对照。他提出第六种知觉,将其定义为心灵的知觉,或是一种能够通向上帝的理解力。15世纪,信奉新柏拉图主义的人文主义者,比如弗洛朗坦·马尔西利奥·菲奇诺重新发现这些观点并将其传播到法国。从这些壁毯中,有人还能看出婚姻的寓意。据考证,壁毯确定是由里昂望族——勒维斯特家族中的一名成员在15世纪最后几年定制的,或许是用于结婚的。无论如何,不管是从壁毯的艺术风格、寓意思想,还是独角兽的外貌来看,上面都显示出15、16世纪之交的贵族风尚。有人还从同时代的其他壁毯中看到类似的主题,尤其是现存于纽约修道院博物馆的《贵妇人与独角兽》壁毯。我们可以用法比耶娜·茹贝尔的一句话来做总结:"壁毯属于这些艺术领域的典型代表,时尚在其中充分发挥着作用,因此,从《贵妇人与独角兽》中探索那个时期的精神与艺术所关心的事情,并推测赞助者通过纹章来显示权势的意图,完全合乎情理。"

人们可以看到,独角兽在16世纪依然持续流行。人们对独角兽外形美的兴趣、对这个神奇动物在现实中的科学探索,以及对其解毒或精神作用的渴求融为一体。有一位艺术家将他创作活动的很大一部分都奉献给了独角兽,他就是让·迪伟,一位雕刻师、金银匠、纪念章制模工。作为弗朗索瓦一世和亨利二世的金银匠,他雕刻了题为《独角兽的故事》(*L'Histoire de la licorne*,约1520)的版画,因此他在当时就被称为独角兽大师。这种对独角兽介于科学和传说之间的兴趣,似乎一直持续到17世纪,因为我们从当时的大收藏家马萨林1661年的财产清单中还能发现如下记载:"一只独角兽的角高约7尺(约合227.5厘米),以红色皮套包裹,皮套由黎凡特地区的摩洛哥皮革制成,绣以金线,共重2马克(约合490克)。"

19世纪是中世纪意象世界复兴的年代,独角兽也不例外。不过它更受象征主

独角兽与触觉。《贵妇人与独角兽》这组有名的壁毯共有六帧，于1882年进入克吕尼博物馆，象征性地表现了五种知觉。这是贵妇人在触摸独角兽的角，寓意表现触觉。来源：1484—1500，巴黎，国立中世纪文物克吕尼博物馆。

独角兽大师让·迪伟（1485—1561）创作的作品。图中，独角兽被一众现实动物环绕，它处于作品中心位置，因此很容易被辨认出来。它站在河心的一个小洲上，河两岸聚集了其他所有动物，从最小的到最大的都有。让·迪伟赋予了独角兽一种科学客观的特征，我们在其他任何画作中都看不到这种特点，中世纪的寓言集中也没有这种风格的独角兽。因为迪伟，16世纪成了独角兽的巅峰时期。来源：巴黎，法国国家图书馆。

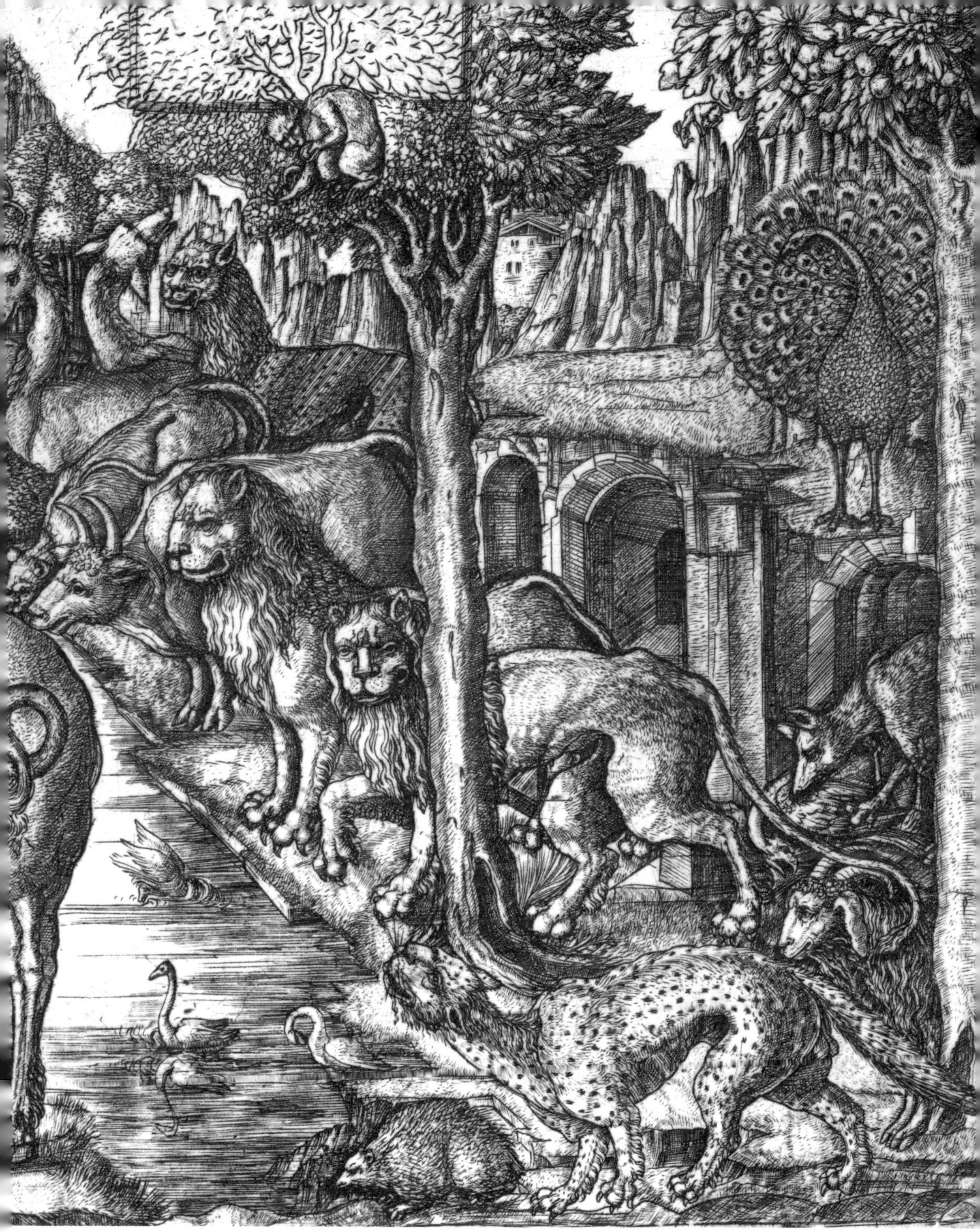

义绘画的青睐，启发了莫罗、伯克林、戴维斯等人，他们创作了一大批名作。如果说独角兽得以跻身西方意象世界要归功于中世纪，那么它的真正魅力或许要归功于它优雅的外形和巨大的象征性潜力，正是得益于这种潜力，人们才会在灵知派、炼金术、犹太教和东方传统中找到它的身影。在西方，独角兽作为徽章的身份还依然存在。它是商店的招牌，它是连环画《丁丁历险记》中一艘船的名字，它还是亚眠足球俱乐部的会徽。然而，与中世纪的其他奇观相比，独角兽或许更应该等待新的重生。

1993年，丹麦雕塑家约恩·罗瑙以独角兽的角为原型，创作了两件精彩的雕塑品。他表示，他对作为"自然普遍奥秘的绝妙隐喻"的独角兽非常感兴趣。他还将炼金术士"介绍深奥知识的本质"的论著作为自己灵感的来源。由此看来，中世纪的基督教并不能垄断欧洲的意象世界。

独角兽在象征主义时代迎来了新生，令人印象深刻。与伯克林一脉相承，美国画家阿瑟·鲍恩·戴维斯在1906年前后在一幅梦幻的风景画中描绘了三只独角兽和两位女性的组合，其中一位女性尤其能让我们想起少女的主题。该作品已离超现实主义时代不远，那时独角兽或许会取得更加耀眼的地位。来源：纽约，大都会艺术博物馆。

一只当代独角兽的角。当代丹麦雕塑家约恩·罗瑙为独角兽而着迷。在2004年7月5日的一封信中，罗瑙表示他在"独角兽"身上看到了自然普遍奥秘的绝妙隐喻，并将这种含义同炼金术士的思想联系起来。他创作了两只独角兽的大角，并将它们安放在自家的花园中，它们被同时赋予美学和神秘的含义。来源：茨拉讷凯国际艺术与自然中心（www.Ronnau.dk）。

左图：梅绿丝娜的飞升。梅绿丝娜化作翼蛇，飞出家族城堡，她丈夫和仆人目瞪口呆地看着她。来源：《梅绿丝娜传》中的细密画，库德雷特作，1401，ms fr. 383, fol. 30，巴黎，法国国家图书馆。

右图：母性的梅绿丝娜。在同一幅细密画中，梅绿丝娜依然是翼蛇的形象，不过这次是在家中的一个房间中，她的凡世丈夫躺在他们生儿育女的床上。她怀里抱着襁褓里的婴儿出现在同一幅画面中，另一个婴儿躺在摇篮中。来源：《梅绿丝娜传》中的细密画，库德雷特作，1401，ms fr. 383, fol. 30，巴黎，法国国家图书馆。

梅绿丝娜

Mélusine

梅绿丝娜引出了本书中第一位传说中的女英雄。

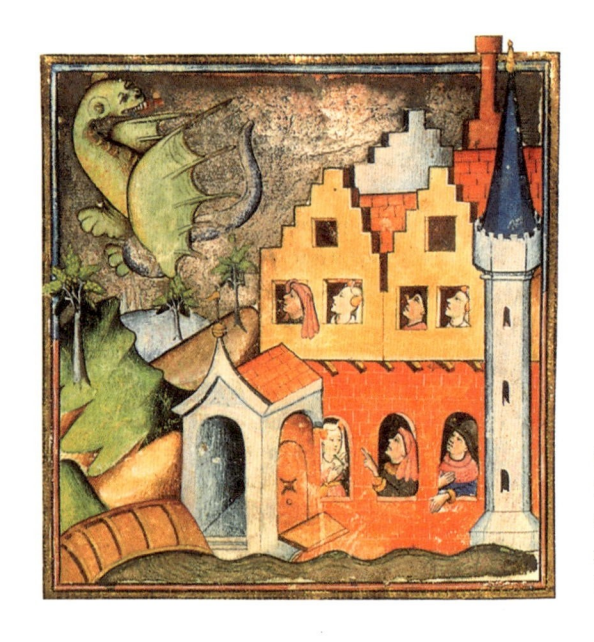

梅绿丝娜飞升。城堡中的住户们惊愕地看着梅绿丝娜化作翼龙飞到空中。来源:《梅绿丝娜传》中的细密画,ms fr.12575, fol. 86,巴黎,法国国家图书馆。

意象世界看起来是人世间的反映,按乔治·杜比的说法,那时的世界或许根本就是"男性的中世纪"。然而,女性,至少某些女性,不仅享有社会威望,行使着重要权力,她们也经常以配偶的形式出现在中世纪的意象世界里。我们也不应忘记,在中世纪的欧洲,基督教使一位全能的女性形象深入人心,她就是圣母玛利亚。

梅绿丝娜属于中世纪另一个有趣的女性群体——神女。对于中世纪男女来说,神女是古代的帕尔卡的后裔,早期中世纪的文本已经证实,帕尔卡在晚期拉丁语中名为司命神女(fatae),这表明她们与命运(fatum)有关联,这些神女逐渐融入基督教的意象世界,被分成仙女和女妖。虽然中世纪的神女主要是对人们行善事或恶事,但她们在社会中的活动通常都是通过配偶来进行的。梅绿丝娜尤其和中世纪的家族门第的观念和变迁紧密相连。然而,大多数神女,尤其是梅绿丝娜的复杂性表明,中世纪女性和配偶有着对比强烈,甚至是相互矛盾的形象。同样的女性,同样的配偶,可以同时是行善或作恶的英雄,可以是既出奇地美丽,也出奇地恐怖的故事的主角。没有一位女英雄比梅绿丝娜更能阐明一个道理:没有完全善良或完全邪恶的人。

梅绿丝娜这个人物首先出现于拉丁文学中,后来又进入 12 至 13 世纪初的中世纪方言文学中。从 13 世纪初到 14 世纪末，这位神女首先逐步取得梅绿丝娜这个名字，这个名字与法国西部一个领主大家族——吕西尼昂家族关系密切。在教士沃尔特·马普批评英王亨利二世宫廷的作品《宫廷琐闻》(*De nugis curialium*) 中，他讲述了一位年轻的领主大牙埃诺的故事。埃诺在诺曼底的一处森林中，遇到一位身着王室华服、正在嘤嘤哭泣的年轻女孩。女孩向他吐露了隐情，原来她从一次海难中死里逃生，她本来是要坐船去嫁给法国国王的。埃诺同这位美丽的陌生女孩很快坠入爱河并结婚，她为他生下一个非常漂亮的孩子。但是埃诺的母亲注意到，这位年轻的女子虽然假装虔诚，却故意避开弥撒的开头和结尾，洒圣水和领圣体时也不在场。她非常好奇，便在她儿媳的房间的墙上钻了一个孔，撞见她化身龙形正在洗澡，不一会儿又重新化作人形。埃诺得知这件事后，便领他的妻子到神甫那洒圣水。她刚接触到圣水，便惨叫一声，腾空而起，穿破屋顶，消失在空中。在沃尔特·马普那个时代，还有很多埃诺和他的龙妻的后代活在世上。

在另一部著名的作品，13 世纪初的《皇帝的娱乐》一书中，英格兰教士热尔维斯·德·蒂尔伯里讲述了鲁塞城堡的领主雷蒙的故事。在普罗旺斯地区的埃克斯的一条河边，雷蒙遇到一位衣着华贵的美丽女子，她呼唤他的名字，最后答应嫁给他，条件是他不能试图看她一丝不挂的样子，否则他将会失去她带来的富足生活。这对夫妇生活幸福，非常富有，身体健康，还养育了无数漂亮的儿女。然

依然是梅绿丝娜的飞升。在这份 16 世纪的手稿中，我们看到梅绿丝娜化作翼蛇腾空而起。来源：古抄本 0.1.18，巴勒，公共图书馆。

而，终于有一天，好奇的雷蒙还是拉开了妻子房间的澡帘，美丽的妻子立刻化作一条蛇，永远地消失在洗澡水中，只有奶妈们在夜间听到她隐身回来看望她的孩子们的声音。当后人重新讲述这个故事时，就像插图上表现的那样，梅绿丝娜通常是化作翼龙从窗户或屋顶逃走，然后在夜里显形回来，爱怜地凝视着她的孩子们。

从本质上来说，这是一个逾越禁忌的故事。超自然传说中的最古老的女英雄通过约定嫁给一位凡人，而违反约定之日，也是她永远消失之时，人们认为她与印欧神话中的人物——广延天女有相通之处。

对于建立在忠诚基础上的封建社会来说，故事中的背叛的象征隐喻尤其敏感。然而，在我看来，除此之外，故事的深刻意义还在于揭示了这位成了妻子和母亲的人头兽身的女性最初的魔鬼本质，这也正是龙或蛇的象征含义。梅绿丝娜的神话也为封建社会的成功提供了一个极为模糊的解释。梅绿丝娜给她凡世的丈夫带来了成功和财富，正如西方社会在12及13世纪迎来的繁荣一般：当时人们开垦森林，尤其还大兴土木修建城堡、城市和桥梁。同时，因其具有强大的生育能力，她自身还体现了人口猛增这一社会现实。埃玛纽埃尔·勒鲁瓦·拉杜里和我都称其为"母亲和开垦者"：她是封建社会的神女。她有着正面的形象，她善良、有活力、生殖能力强，但最终是不幸的，也不幸被背叛。中世纪人们对她的魔鬼出身非常敏感，在她身上看到了永不得赦免的夏娃的影子。

在中世纪人眼中，曾是安茹伯爵、后来于12世纪成为英格兰国王的封建王朝——金雀花王朝就是梅绿丝娜后裔的化身。金雀花王朝有着强大的权势，也有着魔鬼的根源，内部总有分歧，国王和王后、国王和王子之间矛盾不断。据13世纪初威尔士的杰拉尔德的记载，英格兰"狮心王"理查或许曾如此反驳过那些对这些内部纠纷感到惊讶的人："你们还想让我们怎么做呢？我们难道不是魔鬼的子孙吗？"

14世纪时，梅绿丝娜的故事结构已经成形。该奇遇故事可分成三个阶段：神女嫁给凡人，同时约法三章；凡世丈夫遵守诺言，夫妇享受着灿烂的幸福；约定被打破，仙女消失无踪，也带走了作为嫁妆的幸福。

根据洛朗斯·阿尔夫-朗克纳的划分，作为情人，梅绿丝娜是带来幸运的仙女的原型，而摩根勒菲则可能是厄运女妖的原型，她们将其凡世情人或丈夫带到

梅绿丝娜的变身和飞升。17世纪继续出版让·达拉斯和库德雷特的小说，展现故事中的基本主题。在1692年特鲁瓦版本的小说的扉页上，左边，梅绿丝娜化作翼蛇正在洗澡，右边，她飞到城堡上空。该图很好地展现了她的丈夫因无法抵御好奇心而违背誓言、通过锁眼偷看妻子在浴室中变身的场景。

另一个世界之中。然而，我们也发现，梅绿丝娜式的幸福也无法完全与原初的恶分离开来，而且梅绿丝娜原本就离她的混合本质不远，她既是人类，又是魔鬼般的动物。

在 14 世纪末非同寻常的背景下，我们的女英雄处于故事的重要阶段。当时有两部小说以她为主角，一部是作家让·达拉斯用散文为贝里公爵让和他的妹妹巴尔公爵夫人玛丽创作的小说，另一部小说是由书商库德雷特用韵文所作。

小说将违反禁忌和恶行作为出发点。梅绿丝娜的母亲普列斯娜在森林中遇到打猎的阿尔巴（即现在的苏格兰）国王艾利纳斯，她让这位未来的丈夫发誓不要参与她的分娩过程。但是艾利纳斯违背了他的誓言，而普列斯娜在生下三个女儿——梅绿丝娜、梅莉奥尔和巴勒斯蒂娜之后就消失了，她和她的女儿们隐居在阿瓦隆岛上（我们在此可以看到亚瑟王传奇的影响）。女儿们长到 15 岁时，她们得知了父亲的背叛，作为惩罚，她们将他监禁在一座大山中，但是她们因此也受到了惩罚，因为她们没有权力处罚她们的父亲。对梅绿丝娜的惩罚是她每个星期六都会变成蛇。如果她嫁给一个凡夫俗子，那么她自己也会变成一个凡人；如果她的丈夫看到她每个星期六的化身，她便会重新回到痛苦的折磨当中。梅绿丝娜在泉水边遇到了福雷伯爵的儿子雷蒙丹，他刚刚在追捕野猪时误杀了他的舅舅普瓦捷伯爵。梅绿丝娜承诺如果他娶她的话，就帮他渡过这次过失杀人的难关，并会给他带去幸福、财富和成群的儿女，但是他必须发誓永远不要试图在星期六见她。嫁给雷蒙丹之后，梅绿丝娜开垦田地，修建城市和防御城堡，她建造的第一座城堡便是吕西尼昂城堡。他们有十个儿子都成了强大的国王，但是每个孩子都有身体上的缺陷，不是身上有胎记，就是有动物的特征，等等。库德雷特对他们的第六个儿子——大牙若弗鲁瓦特别感兴趣，他既勇敢又残暴，曾将普瓦图的马耶赛修道院和一众修士付之一炬。

不过，在历史上，吕西尼昂家族的领主在十字军东征的大背景下当上了塞浦路斯国王，甚至在安纳托利亚的土地上建立起一个王国——小亚美尼亚王国。最后一位国王吕西尼昂的莱昂被穆斯林打败，失去了王国，逃亡到西方，并试图恳恩基督教国王和王公建立联盟，重新夺回亚美尼亚王国。1393 年，他在巴黎抱憾而终。不过，他支持亚美尼亚十字军行动的举动被纳入更加广阔的动荡背景中，适应了当时基督教国家试图发动整体性十字军战争来抗击穆斯林的趋势。1396 年十字军做出了一次尝试，结果这支十字军在位于今天保加利亚的尼科波利斯大败，被土耳其人全歼。

十字军东征的背景浸润了让·达拉斯和库德雷特小说的思想，而且十字军运动的视野还启发了新的故事情节。新故事情节完备，其女主人公是梅绿丝娜的妹妹巴勒斯蒂娜。巴勒斯蒂娜因惩罚其父亲的行为而受到处罚，她连同她的宝藏被囚困在比利牛斯山脉的卡尼古山中。吕西尼昂家族的一位骑士将会前来解救她并获得宝藏，以此重新夺回圣地。在库德雷特的小说中，这就是大牙若弗鲁瓦长期致力的事业。

此时，在日耳曼文学和意象世界中也发展出一位与梅绿丝娜相对应的男性形象——天鹅骑士。这位超自然的人物来自水中，娶了一位凡间女子，他让妻子发誓遵守禁忌，然而她违背了誓言，他因此永远离开了她。瓦格纳的歌剧《罗恩格林》(*Lohengria*)的原型就是该人物，曾引起巨大的轰动。在"瓦尔基里"一章，我们还会看到基督教意象世界与日耳曼意象世界的相遇，以及瓦格纳在它的复兴和改编中所扮演的角色。

梅绿丝娜在欧洲取得的巨大成功得益于1456年伯尔尼高级官员蒂林·冯·林戈尔廷根对库德雷特小说的翻译。由于印刷术的出现（当时出现11个摇篮本，其中7本得以保存下来）以及书籍的流动贩卖，这个德语译本很快取得巨大成功。《梅绿丝娜的故事》(*Historie der Melusine*)这本到处传播的小册子从15世纪末到17世纪初在奥格斯堡、斯特拉斯堡、海德堡、法兰克福多次再版。更可观的是，16、17和18世纪，它的各语种译本纷纷出现。1613年在哥本哈根发行的丹麦语译本取得巨大成功，另外还有多个冰岛语译本，波兰语译本出现于16世纪，捷克语译本出现在16世纪末的布拉格且再版五次，17世纪出现了两个独立的俄语译本。梅绿丝娜的故事在斯拉夫国家也引起了巨大反响，人们将其改编为戏剧，她深入到民间传说与通俗艺术中。用克劳德·勒库特的说法，"在中欧，梅绿丝娜变成了风之精灵"。

在日耳曼文化区，著名的畅销作家、艺术家汉斯·萨克斯于1556年将梅绿丝娜的传说改编为七幕剧，该剧有25名演员。

然而，16世纪，梅绿丝娜的传说在西方尘世中的现实载体逐渐消失殆尽。宗教战争期间，吕西尼昂城堡作为其领主反抗王权的根据地，被亨利三世于1575年

现代版梅绿丝娜。这位后浪漫主义时期的梅绿丝娜更加写实,但是蓬头散发。该彩色石版画由路易·邦布莱作于约1900年,是米什莱《法国史》中的插图。这个神话作为传统传说一直流传在共和国的历史中。来源:私人收藏。

拆毁,逃过该劫的梅绿丝娜塔在1622年被夷为平地,现在该建筑仅存于传说中,以及15世纪的《贝里公爵的豪华时祷书》(*Très Riches Heures du lac de Berry*)里令人叹为观止的细密画中。

梅绿丝娜也受惠于浪漫主义运动对中世纪的复兴。当时最著名的作品,与其说是蒂克于1820年改编的剧本,不如说是阿希姆·冯·阿尼姆带着极大热情开始、直到1831年逝世都未能完成的剧本残篇。

19至20世纪,梅绿丝娜的传说因与当时广受欢迎的水中仙女温蒂妮近似而连带获益。拉莫特－富凯曾创作《温蒂妮》(*Undine*),除此之外,还有20世纪初让·季洛杜的戏剧作品,后者对日耳曼传说的魅力一直相当敏感。水的神话将温蒂妮和梅绿丝娜联系起来。不过梅绿丝娜是一位宇宙中的女英雄,她与大自然的联系更加广泛。她既是一位水的精灵,也是森林中的女英雄,而由于她的龙翼和夜间的飞升,她还称得上是一位天宫中的仙女。在现代和当代,从奈瓦尔到波德莱尔,再到安德烈·布勒东,一股诗兴不停地与中世纪梅绿丝娜的"仙女的呼唤"产生共鸣。作为母亲和情人,梅绿丝娜还萦绕在安德烈·布勒东的诗集《奥义十七》[1](Arcane 17)中。

近代,梅绿丝娜被赋予了一个全新的形象。她成为"女性存在的典范",丹麦的女性问题研究中心就以梅绿丝娜为标志。

在化身为女权主义者之前,梅绿丝娜凭借其两大特点在源自中世纪的欧洲意象世界中占据重要地位。一方面,在人类与超自然生物的关系内部,她是正面与负面形象的结合体。尽管她作为仙女给人类带来了财富、子孙和幸福,但最终还是自行化为魔鬼。16世纪著名的炼金术士帕拉塞尔苏斯留给后世一个妖魔化的梅绿丝娜形象:"梅绿丝娜是国王的女儿,她因自己的罪行而感到绝望。撒旦把她掳走,并把她变成幽灵。"第二大特点是梅绿丝娜才是配偶中的基本元素,她透过情人或丈夫来呈现自我。她完美地塑造了仙女-骑士这一对恋人组合,既有其成功之处,也有其失败之处。作为封建制度的仙女,她将封建社会成功和失败的隐喻,以及长远来看西方社会所面对的风险留给欧洲的意象世界。她向西方社会揭露出,尽管昨日的骑士、今日的资本家都为社会带来了荣耀和成功,但是他们都与魔鬼有一定的联系。[2]

梅绿丝娜,20世纪的商店招牌。这位蓬头散发、现出蛇身的梅绿丝娜是旺代乡村地区武旺镇一家药店的招牌,这里矗立着一座12世纪末期的城堡主塔,即所谓的"梅绿丝娜塔"。

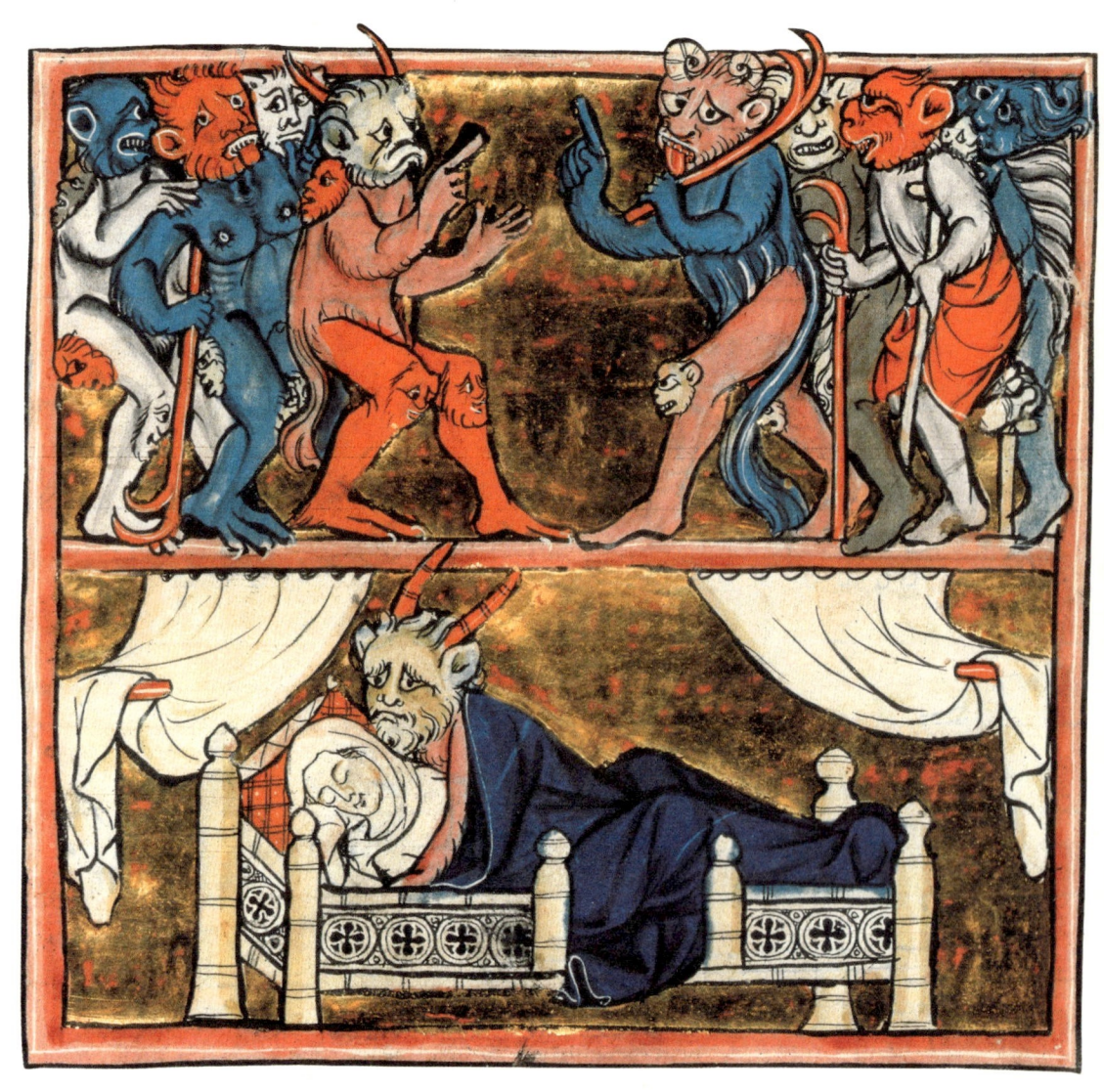

左图：梅林的诞生。梦魔让公主在睡梦中受孕，生下了梅林。一队魔鬼在图中手舞足蹈，鬼哭狼嚎，在人类面前展现出凶恶的性威势。这幅画明确指出梅林具有半魔鬼的特征。来源：《梅林的故事》，罗伯特·德·博龙著，13 世纪，ms fr. 95, fol. 113 v°，巴黎，法国国家图书馆。

右图：梅林和亚瑟王传说。梅林装扮成乡巴佬，手中拿着农民的短粗木棍，将牲畜赶向卡美洛的亚瑟王宫。来源：Ms fr. 105, fol. 212 v°，14 世纪，巴黎，法国国家图书馆。

梅林 Merlin

如果说亚瑟在历史中或许还确有其人，那么梅林则完全是文学的产物。

梅林的成功来自他一开始就和亚瑟保持的紧密关系。在中世纪和西方的意象世界中，他和传奇国王以及圆桌骑士团息息相关，更广泛地说，他和整个骑士阶层的英雄奇观世界也密不可分。

梅林基本是蒙茅斯的杰弗里创造的形象。杰弗里先是于 1134 年创作了一部《梅林预言》(Prophetia Merlini)，后来又在《不列颠诸王史》(Historia Regum Britanniae，1138) 中将梅林放置在亚瑟的旁边，最后又写了一部《梅林生平》(Vita Merlini，1148)。梅林自中世纪起就被拿来和一位叫安布罗修斯的人物相提并论，后者是 8 至 9 世纪的《不列颠人的历史》(Historia Britonum) 一书中生而无父的先知，为不列颠人预示了未来。另一方面，某个口头流传的威尔士民间传统，也通过威尔士吟游诗人米尔丁，为梅林的诞生注入了生命。

关于梅林这个人物的成功，有三个基本要素赋予其意义与基础。首先是他的出生。从基督教的眼光来看，他不再是生而无父，而是一位凡间女子与梦魔结合生下的儿子。这种可疑的父子关系是梅林超能力的来源，但是也意味着他具有魔鬼出身的特质。梅林是介于善良与邪恶、上帝与撒旦之间的英雄的典范。第二个特质是作为先知的身份。他利用自己先知的天赋为亚瑟王和布立吞人效劳。在大不列颠的历史中，布立吞人的优势地位先后被盎格鲁－撒克逊人和盎格鲁－诺曼人所取代，后者致力于搜集不列颠群岛上所有的民族遗产，梅林因而成为不列颠民族主义的先驱。最后，梅林很可能是亚瑟王的圆桌骑士团的真正构思者，也正是他将骑士的诸多美德传授给国王和他的骑士精英们。

13 世纪，伴随着亚瑟王主题的散文体小说与梅林传说的融合，一个新的文学阶段就此开始。梅林的人物形象先后在罗伯特·德·博龙的《梅林》(Merlin) 和《梅林通俗演义》(Merlin-Vulgate) 中发生变化。那时先知梅林仍然和异教的凯尔特魔法紧密相连，比如，据说是他将巨石阵遗迹中的巨石从爱尔兰搬到索尔兹伯里附近，而他呈现的英雄形象，是在疯狂之时发出来自另一个世界的笑声。

13 世纪的梅林首先是魔法师和解梦者。比如，他使亚瑟的洛格尔王国遍布奇观。此外，他越来越多地投入对圣杯的集体寻找中。《圣杯之书》(Livre du Graal) 约完成于 1230 至 1240 年，据保罗·苏姆托尔所言，根据作者自己对本书的定义，这本书"是亚瑟王意象主题的核心，甚至还可以说处于 1250 年的人类意象世界的中心"。在埃玛纽埃尔·鲍姆加特纳看来，这里提到的是另一个圣杯，不是神圣之

梅林解释预兆。篡权者沃蒂根国王命执达吏把梅林带过来，让他解释眼前一幕的含义：二龙相争，其中一龙口吐火焰将另一条烧死。它预示正统继承者将会打败篡位者。来源：Ms fr. 105, fol. 139 v°, 14 世纪, 巴黎, 法国国家图书馆。

杯，而是魔鬼之杯，它代表的是"魔鬼般的欲望驱使人们去刺探和攫取上帝的秘密、去改变命运"。然而秘密终究是禁忌，而"梅林因为将秘密泄露给世人，并将上帝赐予他专门用来掌控局面的魔法传授给湖中女妖，而落得在危险的森林中无休止地苟延残喘的下场"。因此，梅林是一位自己招致厄运的先知的化身，也是基督教意识形态中预言所诅咒的英雄。不过，他的矛盾性先是表现在自身的善良与邪恶的斗争上，后来则体现在强大与软弱之间的较量上。于是，他落到让他催眠的湖中女妖妮妮安（后来变成薇薇安）的手中。薇薇安将其永久监禁在一个山洞中，也有说空中或海底监狱里。梅林同样是一位与空间息息相关的英雄，他在自由的时候，喜欢生活在森林中，被永久囚禁之时，则只能困于空中或水中。在中世纪，人们认为梅林最喜爱居住的森林是布列塔尼的布罗塞利昂德森林，即现今伊勒-维莱讷省的潘蓬森林。梅林自身也是一位地点的标记者。

虽然梅林是一名魔法师，他并没有离开预言的世界，他被认为是让 13 和 14

世纪的西方世界动荡不安的众多预言的作者。尤其是在意大利，他站在教皇派一边对抗皇帝派，而在威尼斯，他的形象受到约阿希姆·德·弗洛雷弟子的千禧年主义的影响。

与他的预言和魔法天赋相比，他的爱情，更精确地说是他的情人形象在英雄梅林后期的神话中较少提及，然而它在中世纪却给当时的人们留下了强烈的印象。在最初的版本中，梅林迷上了妮妮安，她是布里欧斯克森林中一座城堡的领主的女儿，也是狄安娜女神的教女。妮妮安迷得法师神魂颠倒，使他说出了自己所有的秘密。因此当梅林向她求欢之时，她就可以将其催眠，并最终把他监禁在布罗塞利昂德森林的一座城堡中。梅林被囚禁在空气和树叶打造的高墙内，在他的情人身边结束了余生。在洛朗斯·阿尔夫－朗克纳看来，妮妮安是薇薇安的前身，"摩根"式的女妖，意即将情人带到另一个世界的神女。在第二个版本中，梅林和薇薇安的爱情故事看起来更加阴暗。人们称薇薇安是狄安娜的转世，她催眠了梅林，并把他放到一处墓穴中，最后永远地封上了墓门。在13世纪的男女对情侣和爱情的思考中，梅林的形象是消极的。如果说在喜剧中，梅林是被女人欺骗的一位智者，那么梅林的爱情则更多地表现为"一种必然带来不幸的激情，他悲惨的结局则带有惩罚的意味"（洛朗斯·阿尔夫－朗克纳）。

16世纪时，人们终于不再看重梅林的预言，不过拉伯雷还是将其塑造成效力于国王高康大的先知。特伦托会议谴责了梅林的预言，使其在大陆范围内销声匿迹，不过它们在英国依然享有合法地位。1580年后，大陆文学几乎完全不再引用他的预言。

浪漫主义重新发现了梅林。卡尔·莱贝雷希特·伊默曼于1832年以梅林为主题创作了戏剧《梅林神话》(*Merlin eine Mythe*)，而歌德赞赏其为"另一位浮士德"。最出众的作品还要数埃德加·基内的《法师梅林》(*Merlin l'Enchanteur*，1860)，这部作品融合了基内对传说的趣味、他的爱国精神和反教权思想，偶尔会让我们想起他的朋友米什莱。埃德加·基内将梅林视作"法国第一位主保圣人"，是法兰西精神的化身。在这里宣扬的是梅林最深沉的本质，他同时是天堂和地狱，既有超常的喜悦，也有接近绝望的忧郁。他选择了塞纳河的一个小岛上的村庄作为展现奇观之地，巴黎由此诞生。而从罗马回来后，他已认不出已经进入一个新的历史阶段——文艺复兴的法兰西。于是他和薇薇安一同"进入墓穴"，而且"他仅剩

梅林和薇薇安。浪漫主义和象征主义对梅林和女妖薇薇安之间这段热烈但注定没有好结果的情史尤其感兴趣，最终梅林一睡不起。来源：爱德华·伯恩-琼斯，《梅林和薇薇安》，1870，阳光港，利弗夫人美术馆。

的能力就是使永恒的睡眠中布满梦境"（保罗·苏姆托尔）。事实上，浪漫主义时期的梅林是一种宣判，是远离了中世纪的梅林。

更加令人惊讶的是，梅林在回归古代凯尔特文化的运动中获得了重生。这场复兴运动中最重要的角色要数著名的宪章派诗人——泰奥多尔·埃萨尔·德·拉·维尔马克，他于1839年出版了著名的《布列塔尼民歌集》(*Barzaz Breiz*)，在当时引发了激烈的争论。作者在副标题中将这场布列塔尼的复兴与中世纪的意象世界联系起来："圆桌骑士团的史诗源流考及古布列塔尼人的民间故事。"米歇尔·津克从《布列塔尼民歌集》中摘出4首与梅林相关的诗歌：《摇篮中的梅林》《预言家梅林》《吟游诗人梅林》《梅林的皈依》。埃萨尔·德·拉·维尔马克于1862年出版了著作《米尔丁或法师梅林：其故事、作品及影响》(*Myrrddhin ou l'enchanteur Merlin: son histoire, ses œuvres, son influence*），完成了他对梅林的研究和思考，标志着在浪漫主义和凯尔特文化中，梅林达到复兴的巅峰。

自 1860 年起，梅林曾在文学中消失过一段时间，即使我们还能在丁尼生的诗歌中发现他的身影。20 世纪上半叶，伴随着阿波利奈尔鲜有人知的《腐败中的法师》（*L'Enchanteur pourrissant*）以及科克托的《圆桌骑士》（*Les Chevaliers de la Table ronde*）的诞生，梅林又苏醒过来。1941 年 5 月，埃米尔·鲁迪耶的一部《法师梅林》（*Merlin l'Enchanteur*）在奥德翁剧院上演。梅林像许多中世纪的英雄和奇观那样，在电影界和儿童的世界中获得了新生。如果说白胡子法师在圆桌骑士团的系列电影中保有一席之地，那么魔法师的形象则为华特·迪士尼公司给年轻人制作的动画片贡献了一位最为成功的角色。

保罗·苏姆托尔指出"梅林的传说正在消逝"，梅林正逐渐从西方的意象世界中消失。不过，在这段历史中，变形、再现和重现层出不穷，谁敢真正地向这位预言家法师永远地说再见呢？

电影中的法师梅林。梅林是沃尔夫冈·雷瑟曼于1963年为华特·迪士尼公司导演的动画片*中的主人公。法师正在教导一位外号叫"蚊子"的小男孩，并保护他免受女巫的伤害。梅林为他预言未来，在地球仪上给他指出未来的美洲。他还向"蚊子"透露，他命中注定将会成为亚瑟王。

---

* 此处指1963年12月25日在美国上映的动画电影《石中剑》(*The Sword in the Stone*)。

左图：从中世纪到文艺复兴时期的埃勒坎家从。作为夜空中的战队，埃勒坎家从在巫术盛行的15、16世纪被塑造成一支裸体的女巫部队，由一位饰以羽毛的魔鬼率领，他们骑着恶魔般的野兽——野猪、公牛、公山羊和蟒蛇——在空中飞行。来源：老卢卡斯·克拉纳赫，《忧郁》（局部），1532，科尔马，恩特林登博物馆。

右图：鬼哭狼嚎的埃勒坎家从。在14世纪初著名的《福韦尔传奇》一书中，热尔韦·迪比斯在展现喧嚷嘈杂的民俗节日时，就加上了一个描写亡灵的片段，其实是对埃勒坎家从的滑稽模仿。一个魔鬼骑兵骑着不祥的福韦尔马，在棺材与亡灵中间穿行。来源：Ms fr. 146, fol. 34，巴黎，法国国家图书馆。

埃勒坎家从
La Mesnie Hellequin

埃勒坎家从是神奇的英雄团体，将我们带到冥世和天国。

封建王朝时期，埃勒坎家从一方面是一个封建家族的形象，另一方面又是一支猎队或军队的形象。这表现出两个特点：一是主人和家仆之间的团结；二是军队的狂热，这一点可以通过埃勒坎家从的德语名字看出来："wütend Heer"，即狂野暴怒的鬼军，或是"wilde Jagd"，意为群鬼狩猎。埃勒坎家从把哀号暴躁的亡灵介绍到中世纪西方的意象世界中，塑造出一个嘈杂而又极具侵略性的冥间形象。

埃勒坎这个名字起源不详，词源学研究也没有给出让人信服的答案，13世纪主张将埃勒坎换作凯勒坎所提出的解释也未给出更多的意义。[1] 这群中世纪意象世界中的奇怪的英雄还有一个特点，我们在后面将会看到，他们在16和17世纪最终让位于另外一群完全不同的人物——阿勒坎（Arlequin）。

埃勒坎家从最早出现在12世纪初的一部拉丁语著作《教会历史》(*L'Histoire ecclésiastique*) 中，作者是盎格鲁－诺曼时期的修士奥德里克·维塔尔（1075—1142），他生活在诺曼底的利雪教区的圣埃夫鲁尔修道院。奥德里克讲述了一个发生在1091年的故事，是一位名叫瓦尔歇兰的年轻神甫叙述的亲身经历。1091年1月1日夜，瓦尔歇兰刚刚看望了他的教区的一位病人，正走在回去的路上，他独自一人，远离人烟，突然听到"一支庞大的军队"所发出的轰隆声。他立即躲到树下，保持警惕，这时一位手持短粗木棍的巨人出现在他面前，喝令他待在原地观看这一波接一波的游行队伍。第一批是"步行的人与驮着衣服和工具的役畜组成的庞大队伍，好似一群满载战利品的强盗"。他们匆匆忙忙，哼哼唧唧，神甫认出他们当中就有最近死去的邻居。第二批是一群抬着担架的掘墓人，担架上是大头的侏儒、两个黑色魔鬼、一些埃塞俄比亚人，第三个魔鬼手里折磨着一个因痛苦而哀号的男人。瓦尔歇兰认出这个男人就是杀害艾蒂安神甫的凶手，还没赎罪就死了。接下来跟着一大群骑马的女人，她们侧坐在钉有灼热钉子的马鞍上，狂风将她们稍微托起然后再次跌到钉子上，她们的乳房被另外在火上烤红的钉子刺穿。瓦尔歇兰认出她们当中有几位贵妇人，生前奢靡淫乱。后面跟着一大群教士和修士，由手持权杖、身着黑袍的主教和修道院院长率领。他们恳请瓦尔歇兰为他们祈祷。神甫惊讶地发现他们中有他认为品德高尚的杰出的高级教士。接下来一批人是最可怕的，因此描写也最详细、最确切。这是一群骑士，他们身着黑衣，口中喷火，手舞黑色大纛，骑马疾驰。神甫也认出了他们中的几个人。

瓦尔歇兰试图拦住其中一个骑士以了解更多信息，顺便为自己这次奇遇抓一

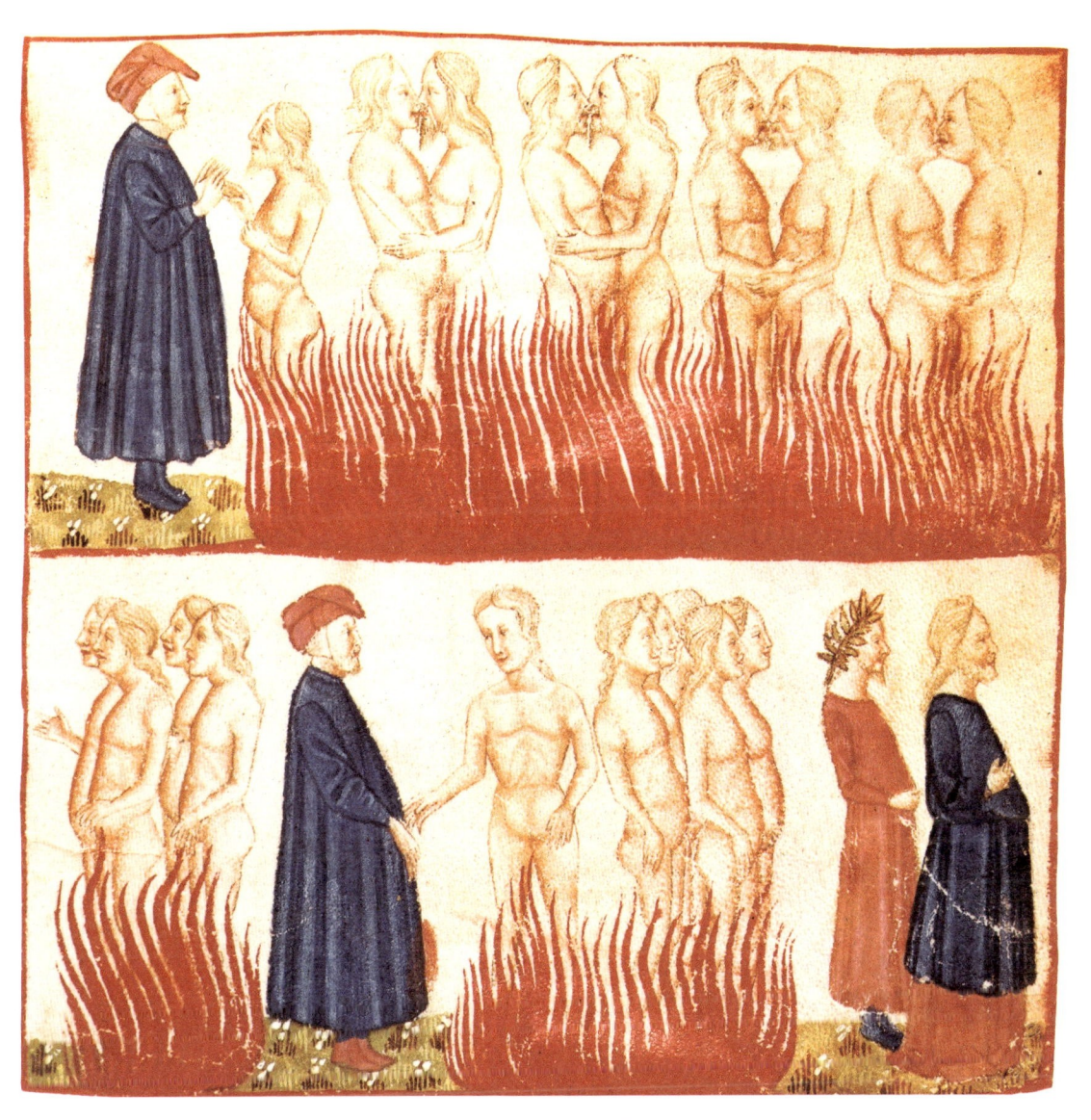

炼狱中的埃勒坎家丛。在 13 世纪末炼狱的概念被发明之后,一些神学家和诗人认为埃勒坎家丛是临时从炼狱逃出飞向灵魂天空的越狱者,他们在地狱之火与未来的天堂乐园之间流浪,但丁就在《神曲》的炼狱篇中提及这种观点。在他诗歌中的这幅插图上,圣彼得在欢迎那些炼狱中因淫乐纵欲而犯错的灵魂,他们在此涤除罪愆,希望有朝一日头戴月桂冠、衣冠楚楚地升入天堂乐园。来源:《神曲》手稿,15 世纪,威尼斯,马尔恰纳图书馆。

个见证人。第一位他没有抓住，还在喉咙上留下一道痕迹，不过第二位是瓦尔歇兰的亲兄弟，他透露，尽管他和他们的父亲都有罪，但是他们有望逃离永恒的地狱。只要神甫能够多祷告、多做弥撒、多布施，他就能早日脱离鬼军。而瓦尔歇兰自己还应该更加虔诚，因为他不久也将去世。事实上，神甫又多活了15年，这也使奥德里克·维塔尔能够收集到这些证据。

这个专门给布道者用来教化大众的故事很明显地揭示出埃勒坎家从这支神奇队伍的作用。首先，它是对封建社会的讽刺。正如让-克劳德·施米特所言，它是"封建军队的地狱版本"。另一方面，它尤其可怕的形象专门用于警醒世人与罪恶做斗争，以避免地狱中的折磨。就像奥德里克·维塔尔所说，这个意象表明，"对于罪人，上帝的炼狱之火可以有多种方式来净化他们"。因此，这个故事表现出，12世纪初的人们需要将冥世地理重新融入宗教活动中，以尽可能逃过地狱永恒的折磨。12世纪末期，炼狱作为地狱的第三个处所出现在教会的官方信仰中，专门用于使第二等级的罪人尽快地赎罪，它的诞生或许是对这个故事揭露的心态的一种回应。瓦尔歇兰在遇到他的兄弟之前试图挽留的死者正是一个放高利贷者，也就是自13世纪起从炼狱的赦免中受益最大的人之一。在这种背景下，我们或许能够更好地理解13世纪后埃勒坎家从几乎完全消失的原因。[2]

埃勒坎家从的主题为社会批评提供了一个绝佳的表达形式，奥德里克·维塔尔的作品也清楚表现了这一点。正如让-克劳德·施米特所指出的，它非常适合用于"政治用途"。英国教士沃尔特·马普也正是这样做的，他在抨击文章《宫廷琐闻》(*De nugis curialium*)中尖锐地批评英王亨利二世的宫廷，他将亨利二世王室无休止的出行比作埃勒坎家从的流浪。他试图解释埃勒坎这个让人困惑的名字的含义，以及他的家人和随从的来源。马普认为他们可以明显地追溯到凯尔特人占领大不列颠岛的时期。埃勒坎可能来自早期布列塔尼人国王埃拉的名字，他曾经和"俾格米人"的国王——也就是小矮人的国王、死者的国王——签订过一个条约。小矮人的国王曾出席埃拉和法兰克人公主的婚礼，送给了主人大量礼物。一年后，轮到埃拉到小矮人那儿去了，他发现他们正在洞穴里的豪华宫殿中举行婚礼。埃拉走时满载礼物而归，礼物也和他封建国王的身份相称：马、狗、隼，等等。小矮人的国王还送了他一只小狗作为礼物，品种为"寻血猎犬"(*canis sanguinarius*)，英语叫作"bloodhound"，即斗牛犬。他必须把它放在马上，并在

埃勒坎骑着福韦尔和亡灵。这细密画同样展现出没有福韦尔的埃勒坎推着载满活死人的二轮马车的画面，车轮让我们想起命运之轮。《福韦尔传奇》的另一大主题提到天命，埃勒坎家从正是宿命的受害者。来源：Ms fr. 146, fol. 34，巴黎，法国国家图书馆。

狗落地之前不能下马，否则他将会化为尘土。埃拉出来时，他发现自他离开之后，已经过去了两个世纪，他还以为他只离开三天而已呢，撒克逊人已经代替布列塔尼人成为国家的统治者。由于他的狗永远不跳到地上去，埃拉被迫和他的军队终身流浪。埃拉的故事和人世与冥间时间长短不同有关，不过在 12 世纪英国天堂幻想的历史中，这也算是一个关键所在。埃勒坎家从是一个亡灵流浪的神话，那时在这个世界上还没有他们的落脚之外——炼狱。

埃勒坎军队（militia Hellequini）词随后再次出现在西多会修士埃利南·德·弗鲁瓦德蒙的自传中，他于 1230 年逝世于博韦教区。弗鲁瓦德蒙提到，一位教士曾在夜里见到新近死去的伙伴，便问他是否是埃勒坎军队的成员。死者否认了，并且说不久前鬼军已经结束了流浪，因为他们已经完成了赎罪。最后他说，埃勒坎这个流行的名字是错的，因为国王的真名是凯勒坎（Karlequinus），来自国王查理五世（Charles Quint），国王长期赎罪，最近才因圣德尼的祈祷而获得自由。这部作品的意义在于可以帮助推定埃勒坎家从被中世纪意象世界遗忘——或许跟炼狱的普及有关——的那个年代。人们曾对凯勒坎这个名字可以对应的国王展开广泛的讨论，有人推测这份 13 世纪的文本曾被后人添过笔，此处指的应该是 14 世纪下半叶的法兰西国王查理五世。我认为查理五世应是误译，这里应该是查理曼。根据中世纪对英雄的一贯处理方式——让他们的光辉美德和卓越行为覆盖上滔天大罪的阴影，此处应该还是对一直萦绕在意象世界中的查理曼所犯的知名罪行的影射。[3] 就这样，埃勒坎家从，这座"迁徙的"炼狱，或许从此会定居在冥世。

大神学家巴黎主教奥弗涅的纪尧姆在他于 1231 到 1236 年间撰写的论著《论宇宙》（De universo）中，问及了这群夜间骑士的本质。他根据法语称埃勒坎家从为骑士，而在西班牙语中"Huesta antigua"则意为古代军队。他们是一群受刑骑士的灵魂，还是一群魔鬼？圣奥古斯丁认为死后罪孽的洗涤也可以在人间进行，奥弗涅的纪尧姆接受了他的理论，认为埃勒坎家从就是灵魂定期走出炼狱的表现，而这座炼狱就位于尘世的天空中。

有趣的是，埃勒坎和亚瑟之间也产生了联系。我们曾提到亚瑟在中世纪和中世纪后期的意象世界中，曾是一位死人的国王，或者说是一位沉睡不醒的国王。他在人世间等待着苏醒的那一天，凯尔特版本称他沉睡在阿瓦隆岛，而 13 世纪初热尔维斯·德·蒂尔伯里的意大利化版本则称他在埃特纳火山中。13 世纪中期里昂的多明我会修道院的修士艾蒂安·德·波旁曾提及骑士们的狩猎，当时人们称之为"埃勒坎或亚瑟之家从"（familia Allequini vel Arturi）。他讲述了这样一个故事：一个汝拉地区的农民看到一大群狗和一队骑马或步行的骑士经过，他跟随他们一直到了亚瑟王的神奇宫殿。

这则劝谕故事（exemplum）表明埃勒坎家从已进入民间大众的神鬼世界中，亚当·德·拉·阿莱的《叶棚剧》（Le Jeu de la feuillée）也证实了这一点。该剧约 1276 年在阿拉斯上演，剧中出现了一位埃勒坎派来的人物——克罗克索。这些形象的出现不仅证明了埃勒坎家从的民俗化，还表明他们从魔鬼演变成了滑稽人物。就这样，一个蕴含深刻含义的道具——面具被引入中世纪的意象世界中。从此以后，英雄们可以戴着面具，奇观也可以是假象。这些都展现在 14 世纪初的一部作品及其插画中的埃勒坎家从的身上。这部作品就是热尔韦·迪比斯的《福韦尔传奇》[4]（Fauvel）。书中有一个知名的场景——"鬼哭狼嚎"，据说是来源于 1316 年一位名叫拉乌尔·沙尤的人的添笔。明确来说，"鬼哭狼嚎"中的角色或许就是

日耳曼与浪漫主义风格的埃勒坎家从。特奥多尔·霍泽曼的这幅画（1866）展现了日耳曼风格的埃勒坎家从和群鬼狩猎。在充满活力的画面中，埃勒坎像过去一样骑马巡视，雷霆大怒，明显表现出魔鬼的形象。周围的鸟儿表明他们是在空中。群鬼头上长角，身上长有翅膀，其中一位奏着葬歌，加强了这支队伍的魔鬼色彩。士兵和女巫被变成动物，进一步加强了画面的非人性特点。来源：私人收藏。

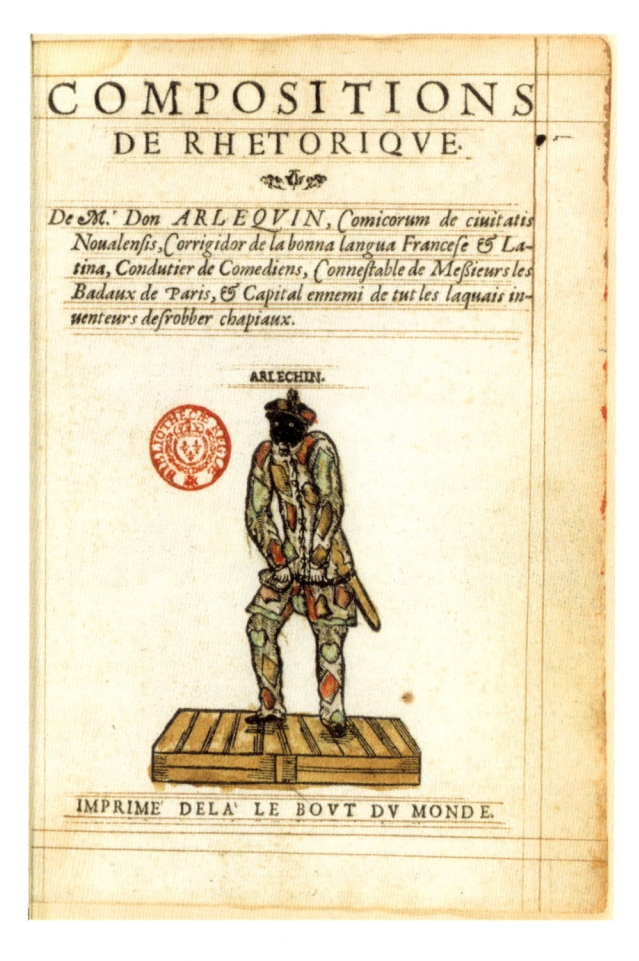

阿勒坎。在 16 和 17 世纪，除了在日耳曼神话中的群鬼狩猎使埃勒坎家从的传说得以延续，埃勒坎在其他地方销声匿迹，让位于意大利即兴喜剧中的一个几乎同名的角色——阿勒坎。埃勒坎被一位好笑的人物所替代，远不像中世纪的家从那般可怖。特里斯塔诺·马丁内利的《阿勒坎先生的修辞学创作》是一部 1601 年在里昂出版的法语诙谐作品，被宣称是在"世界另一端出版的"，也就是说在冥间出版的，这是对埃勒坎家从的超自然特点的戏仿。来源：巴黎，法国国家图书馆。

埃勒坎家从的成员。如此看来，埃勒坎家从最终在我们面前戴上的面具不再是夜间狂怒的奔驰，而是滑稽的喧嚣。在法国的意象世界中，他们从此只是作为一个影射出现，就像菲利普·德·梅齐埃的道德说教作品《老朝圣者之梦》（*Songe du vieil pèlerin*，1389）中所写的那样，或者像拉伯雷 1548 年的作品那样，或者以荒野骑士的形象出现，据传他们在 17 世纪初国王亨利四世统治时期经常出没于枫丹白露森林中，不过在 1605 年记叙这件奇事的史官皮埃尔·马蒂厄之前并没有听说过埃勒坎家从的传说，把他们附会为一支完全基督教化的队伍——"圣于贝尔猎队"（chasse Saint-Hubert）。

除了民间传说的几个角落之外，埃勒坎和他的家从随从后来几乎销声匿迹，因为他们的名字和人物本身都被意象世界中的一个新成员阿勒坎所代替。阿勒坎的第一次出现可追溯到17世纪，他的出现表明一个新的意象世界——意大利即兴喜剧出现在欧洲范围内。滑稽的阿勒坎继承了可怖的埃勒坎的衣钵。不过，在"群鬼狩猎"和"狂野暴怒的鬼军"的标签下，天空中的群鬼狩猎在日耳曼的意象世界中依然存在。我们可以在克拉纳赫1532年的画作中发现他们的身影，16世纪纽伦堡的音乐协会成员汉斯·萨克斯的作品也提到了他们，他在1539年以狂野暴怒的鬼军为主题创作了一首长诗，诗中把他们描写为一群为大恶人抵罪的小偷，被判在尘世的天空中流浪，直到最后的审判降临、正义统治世界。

埃勒坎家从或许是从欧洲的意象世界中即将消失的英雄和神奇军队的典型。不过，在我们这个时代，科幻小说的天空中各种好的、坏的神奇生物不断涌现，难道在这些火星人当中，现在或将来，就不会有新的埃勒坎家从的成员出现吗？

左图：丑闻，女教皇若安分娩。分娩是女教皇故事中的一个中心情节，因为这暴露了她的性别，而且在一群不婚者面前生下孩子是一桩丑闻。我们从图中可以看到，女教皇头戴三重冕——自卜尼法斯八世开始由教皇戴的冠冕，被枢机主教和领主们围着，他们惊讶不已。这幅插画出自薄伽丘的《名媛》的1361年的法语译本。女教皇若安来自教会传说，后逐渐成为文学和历史中的女英雄。来源：Ms fr.226, fol.252，约1415，巴黎，法国国家图书馆。

右图：塔罗牌中的女教皇若安。15和16世纪，塔罗牌游戏非常流行，它给艺术家们提供了许多深奥甚至神秘的文化题材。这张牌展示了一位威严而体面的怀孕女教皇的形象。来源：1541，纽约，皮尔庞·摩根图书馆。

女教皇若安

La papesse Jeanne

女教皇若安是中世纪意象世界塑造的一位丑闻缠身的女英雄，同时也是一位出色的女性。

女教皇若安的故事出现于 13 世纪末期，我根据阿兰·布罗的杰作将其总结如下。约 850 年，一位出生在美因茨的英裔女子为了追随她的情人而女扮男装。她的情人沉湎于学问，想要献身给一个只有男性的世界。而若安自己非常成功地实现了这一目标，在雅典经过一番刻苦学习之后，她在罗马受到仰慕和热烈欢迎，这使她得以进入罗马教廷并最终当选为教皇。她任职两年多，最后因一场丑闻而终止：没有放弃肉体欢愉的若安发现自己怀孕了，而且在梵蒂冈的圣彼得大教堂和拉特朗圣若望大殿之间的仪式游行路上当众生下一个孩子，之后便去世了。不同的故事版本杜撰出关于女教皇的一些蛛丝马迹、证据和死后的名声。从此之后，在教皇加冕之时，都会有人专门验证教皇的性别。教皇主持的仪式游行在从梵蒂冈直接到拉特朗的路上也会绕离附近的圣克莱芒教堂，以避免经过分娩之地。当地的雕像和题词也许会将这个糟心事故的回忆化为永恒。

这位女教皇并不存在。若安是一位虚构的女英雄。不过在 1250 到 1550 年间，她却是官方和民间信仰的对象，她在这段时期还是一个文化物件和基督教会中的一项仪式的来源。她的人物形象体现了教会散布的对女性的恐惧心理，尤其是害怕女性可能侵入教会自身的恐惧心理。在教会为了支撑教皇至高无上性而进行的运动中，它建立起了这个教皇的反面形象——女教皇。杰出的巴西中世纪史研究者小伊拉里奥·佛朗哥即将出版一本研究中世纪乌托邦的书籍，他在书中提议将女教皇若安看作"两性同体"的乌托邦。我则认为这个人物更多地体现出一种对另一个性别的否定，而不是兼容。13 世纪，教会和历史中出现了这位女教皇。研究女教皇的杰出历史学家阿兰·布罗非常明确地指出多明我会网络在这场建构中所扮演的角色。女教皇若安首次出现于多明我会修士让·德·迈利 1243 年的作品中，随后出现在圣路易宠信的百科全书作家、多明我会修士博韦的樊尚的《历史之镜》(*Le Miroir historial*，约 1260)一书中。另一位多明我会修士、教皇的告解神甫——波兰人马丁（他出生于波西米亚的特罗保，是布拉格的多明我会修道院的修士，特罗保当时属于波兰）在《教皇与皇帝编年史》(*Chronique des papes et empereurs*，约 1280) 一书中明确了女教皇若安的地位。女教皇若安在同时期出现在多明我会修士艾蒂安·德·波旁和阿诺尔德·德·列日的《典例》(*Exempla*) 一书中。

波兰人马丁的作品节选如下：

女教皇的分娩。出于盲从和反天主教的目的，该故事在 16 世纪还一直被人挖掘。约考斯·考伦贝格在伯尔尼创作的这幅版画（1539）突出了身处丑闻中心的人物形象的庄严性（华盖高擎，枢机主教和主要神职人员在场），以及这个发生在罗马大街上的事件的公开性。

利奥四世之后，出生于美因茨的英格兰人若望在位两年七个月零四天。他在罗马去世，教皇位空缺了一个月。据传他是一位女子，年轻时扮成男装被她的情人带到雅典，她在各学科面前进步神速，没人能与她媲美，她因此随后得以在罗马教授文学三艺，一些大法官都是她的弟子，或听过她的课。因为她的品行和博学在罗马城中享有极高的声誉，因此人们一致推选她为教皇。但是在教皇任期内，她的情人使她怀了孕，而且她不知道分娩的日子，以至于在从圣彼得大教堂去往拉特朗大教堂的路上，走到斗兽场和圣克莱芒教堂之间时，她突然感到分娩的疼痛，生下一个孩子后去世，人们就把她埋在了她死去的地方。因为现在的教皇陛下总是在此绕道，人们就普遍认为他肯定十分厌恶此事。她没有被列入圣教皇的名册中，原因就在于她的性别在此显得非常突兀。

约 1312 年，当人们想要为教皇编号之时，另一位多明我会修士，圣托马斯·阿奎那的弟子卢卡的托洛梅奥在《教会史》（*Histoire ecclésiastique*）中将数字"Ⅷ"给予了女教皇（即若望八世），她因此成为第 107 位教皇。

然而事实上，教会在这段时期将女性完全排除在教会机构的职务和主持圣事的权力之外。约 1140 年的格拉蒂安教令集设立教规，将女性严格排除在教会之外。13 世纪末期，仍然是两位多明我会修士——罗伯特·杜泽斯和写出《黄金传说》(*La Légende dorée*) 的著名作家瓦拉泽的雅各布——提到女教皇若安之事，前者在他的先见与预言中，后者在他的热那亚城的编年史中，都提到对于"女性污染圣事"的恐惧。瓦拉泽的雅各布是这样描述的：

> 这个女子开始自负，中间虚伪、愚蠢，最后以羞辱告终。这其实正是女人的天性，她们在开始行动之前总是野心勃勃、胆气十足，中间就会暴露出她们的愚蠢，最终招致羞辱。因此，女人以自负和鲁莽开始行动，但是不考虑行动的后果和自己的结局：她们自以为成就了伟业。或许她们也可以开创某些局面，但是等到开头一过，到了中期，她们就不再具备一开始的远见卓识了，这是因为她们缺乏判断力。于是，她们必然会在耻辱和丑闻中结束那虎头蛇尾的事业。因此，女性总是开始时狂妄自大，中间愚不可及，最终身败名裂，这看起来再明显不过了。

对女教皇的信仰在教皇的礼拜仪式中催生出一个新的物件和一项新的程序。新物件是一把座椅，为了避免再次选出女教皇，在新教皇加冕之时，他必须坐在这把椅子上接受神职人员对他的男性特征的检查。新的程序是由仪式人员触摸教皇的身体，以验证他确实拥有男性的性器官。

然而，与女教皇相关的思想与感受都在演变之中。围绕着女教皇的仪式和传说不断民俗化。19 世纪，在与教皇相关传说的背景之下，议事司铎伊格纳茨·冯·德林格的《中世纪教皇寓言》(*Die Papastfabeln des Mittelalters*) 一书记叙了中世纪教皇的系列传说，他在书中将女教皇若安的故事重新安排到作品的开头。自 9 世纪起，就有一部滑稽模仿作品《西普里安的最后晚餐》(*La Cène de Cyprien*) 对教皇的礼拜仪式进行戏仿，演出时教皇和皇帝都在现场，罗马城中则设立了真正的狂欢节，即泰斯塔西奥节，我们现今还有 1256 年对该节日的描述。同时，如阿戈斯蒂诺·帕拉维奇尼·巴利亚尼明确指出的那样，人们对教皇的身体——不管是其真实的形体还是象征性的含义——产生了强烈的兴趣。

此外，女教皇还受到女性的神奇形象变迁的间接影响。我们可以从她身上看到意象世界的惯用手法：英雄在善良与邪恶、威望与憎恶之间摇摆。一方面，女教皇的形象同女巫纠缠不休，另一方面，她又跻身光辉女性的行列，出现在薄伽丘于1361年写的《名媛》（*De mulieribus claris*）一书中。正如阿兰·布罗所言："1361年，若安走出教会，走进文学和女性世界。"

不过，女教皇的形象还是在双重维度上发展。她作为反面榜样的历史形象出现在细密画、版画之中，而且主要围绕她分娩的场景。她庄严而威望十足的形象则从狂欢节进入寓言和塔罗牌中。在《巨人传》（*Tiers Livre*）第三部（1546）中，拉伯雷从滑稽模仿中获得了灵感。当巴奴日想要在梦中以阉割来恐吓风流成性的朱庇特时，他写道："我要用钩子把它钩住，你知道我要怎么处理吗？天主啊！我要沿着他的屁股，把那话儿割下来，一根毛也不剩，这样他就永远也当不上教皇了，因为他'没有睾丸'（testiculos non habet）。"这是对教皇仪式的赤裸裸的影射。

有趣的是，路德宗为女教皇若安这个形象赋予了新的生命力。事实上，路德宗信徒非常乐意假装相信该人物的真实性，因为她是罗马教会卑鄙可耻的言行的化身。但是，加尔文主义者的鄙视以及后来理性主义者的批判很快抹杀了历史上有关女教皇若安的传说。《百科全书》（*Encyclopédie*）将女教皇列到年迈妇人的故事中，而伏尔泰在《风俗论》（*Essai sur les mœurs*）中提到882年若望八世被谋杀一事时，他写道："这和女教皇若安的故事一样不真实。"只有一部德意志戏剧在约1480年以弗劳·耶塔的名字重拾女教皇若安的故事，获得了巨大成功。

法国大革命仅仅是出于批评宗教和教会的目的而对女教皇的主题表现出有限的兴趣。只有德福孔普雷的趣歌剧受到了一定程度的欢迎，他以戏仿法国大革命时期的流行歌曲《一切都会好起来》（*Ça ira*）作为作品的结尾：

> 小若安的额头上
> 三重冕闪闪发光。
> 我的小宝贝，是的
> 整个罗马都热烈赞成我们的选择。
> 哦，哦，哦，哦，啊，啊，啊，啊
> 这就是漂亮的小教皇。

电影中的现代女教皇。迈克尔·安德森于1974年执导电影《若安,魔鬼女教皇》,他将女教皇的传说处理成一位才貌双全的年轻女孩成为教皇的故事。这是一部不明朗的电影,就像这个人物。

在装饰你的美貌面前

我们看到三重冕的光芒

也很快黯淡下去。

啊,一切都会好起来,好起来,好起来。

不过,女教皇的故事看起来一直都很受欢迎,至少在罗马是这样。司汤达在他的《罗马漫步》(*Promenades dans Rome*,1830)中摘抄了大部分尼松于1694年出版的《意大利之旅》(*Un voyage en Italie*)中的内容,他如此讲道:

谁会想到今天在罗马还有一些人对女教皇若安的故事如此关注。一位试图谋求枢机主教职位的非常重要的人物今晚就伏尔泰的问题质问我,伏尔泰竟然胆敢对女教皇若安如此大逆不道。

19世纪末和20世纪,因人们"对西方历史的兴趣",女教皇又一次受到欢迎。诙谐文学作品《女教皇若安》(*La Papesse Jeanne*)看起来是这场复兴的源头,它于1886年在雅典由希腊作家埃曼努埃尔·罗伊德出版。这部小说在欧洲获得了巨大成功,欧洲主要语言都有译本。它曾受到巴尔贝·多勒维利的攻击,不过阿尔弗雷德·雅里曾译过该作品(译本在他死后的1908年才出版),劳伦斯·达雷尔在1971年将其译为英文。人们认为乔治·贝纳诺斯的侦探小说《犯罪》(*Un crime*,1935)借用的就是女教皇若安的故事。女教皇甚至吸引了电影的注意:在迈克尔·安德森出色的电影《若安,魔鬼女教皇》(*Jeanne, papesse du diable*)中,女教皇一角由美丽的著名挪威女演员丽芙·乌尔曼饰演。

人们还想要在吕斯·伊里加雷的作品中找到女教皇的身影。她的作品在美国极受欢迎,主要研究历史上尤其是中世纪时期教会与女性之间纷乱的关系。只要梵蒂冈和教会的一部分组织继续将女性排除在教会机构和主持圣事的职位之外,女教皇若安就很可能一直萦绕在教会的心头。女教皇若安,这位蒙羞女英雄的形象,或许不会在今天梵蒂冈的潜意识中缺席。

左图：坏蛋列那狐。在这幅 13 世纪下半叶的细密画中，列那狐驾驶着满载恶习的帆船。该图是里尔的雅克马尔·热莱的《新列那狐》的插图，主要突出作品的象征性和说教性的特点，表现出列那狐即便不是罪恶的主宰魔鬼，至少也是重大罪行的引导者：一方面是人世与骄傲的虚荣，另一方面是肉欲、贪食和淫乱的罪行。来源：Ms fr. 1581 fol. 29 v°，巴黎，法国国家图书馆。

右图：骗子列那狐。在与伊桑格兰狼展开一场模仿嘲讽史诗的斗争之前，列那狐使用诡计愚弄了许多角色：公鸡尚特科勒、乌鸦铁斯兰、山雀和花猫蒂贝尔。来源：《列那狐传奇》中的细密画，13 世纪，ms fr. 1580, fol. 93，巴黎，法国国家图书馆。

列那狐
Renart

列那狐是中世纪独创的产物，虽然它的雏形最先出现在伊索的古代寓言中。

世界上大多数民间传说和文化中都有狐狸的形象,它是一个具体的社会文化原型的化身——"trickster",即骗子、无赖。列那狐在中世纪欧洲的意象世界中所代表的形象正是古希腊人以"狡猾"(métis)一词定义的领域,只是当时没有把它对应到人物形象上。[1] 此外,列那狐还表现了人类与动物之间复杂关系的本质。本书中,独角兽是传说动物的化身,而列那狐是现实动物的体现。动物世界使中世纪的西方大众深深着迷,在他们的文化和意象世界中占有极其重要的地位,而列那狐则是这个世界的一员。从阅读《旧约》中的《创世记》一章开始,就会看到上帝把动物推荐给人类,因为当他创造出动物之后,他就让人类给它们起名字,让人参与了创造动物的活动,也就自然赋予了人类统治动物的合法性。从《圣经》中的这个起源说开去,在封建社会的日常生活中遇到人类的动物,有家庭豢养的宠物,有农业上的畜力(作为整个社会基础的农村地区的重要组成部分),还有专门为领主阶层圈围起来的狩猎世界中的诱人猎物。特别是自中世纪早期起,这种现实中的亲密性就被赋予了强烈的象征性含义。人类的整个道德生活,不管是个体的还是群体的,都可以反映在动物世界中。对于中世纪的人们来说,动物是表现恐惧或愉悦、沉沦或拯救主题的一个基本工具。

无论是在现实中,还是意象中的动物世界里,狐狸都占有一席之地。除了代表诡计与暧昧个体的基本含义之外,列那狐在中世纪和欧洲的意象世界中还有两段意味深长的关系。一方面,它有一个敌人、对头,一个相反的角色——伊桑格兰狼;另一方面,它不能脱离它生活的社会,而这个社会是君主专制的封建社会的写照。在这个社会里,它和狮子——也就是国王——有一层特殊的关系。列那狐,总是那么复杂、那么模糊,有时它是狮子的仆从和走狗,有时它又是抗议者,最终又变成篡位者。

在刚开始进入中世纪意象世界的时候,列那狐处于不利的地位。《圣经》中很少提到狐狸,经常被引用的段落是《雅歌》(2:15):"要给我们擒拿狐狸,就是毁坏葡萄园的小狐狸,因为我们的葡萄正在开花。"随后,狼和狐狸这对经典的敌对组合出现在11世纪末期的一首教士诗歌——《囚犯的越狱》(*Ecbasis cujusdam captivi*)中。这是一个关于一头小牛犊(象征修士)的故事,它因为一头凶残又危险的狼(象征世俗之人)而疯狂地逃跑,穿过孚日山脉。该作品后来被置于格列高利改革和叙任权之争的背景之中,它一上来就确定了论战的框架,而列那狐

列那狐与伊桑格兰狼之战。这场动物敌人之间的斗争是对骑士的戏仿,披着铠甲的战马、锁子甲和盾牌突出了这一点。来源:Ms fr. 1581, fol. 6 v°,13 世纪,巴黎,法国国家图书馆。

的故事则在其中深化发展。在约 1150 年,《囚犯的越狱》启发了一部动物叙事诗——《伊桑格兰》(*Ysengrinus*),作者是根特的一位修士或神甫。这部叙事诗以狐狸列那与他的舅舅伊桑格兰狼之间的斗争为主题,列那狐不停地受到后者的羞辱,而最终伊桑格兰落得被一群猪给吃掉的下场。就这样,《伊桑格兰》为后来的《列那狐传奇》(*Roman de Renart*)提供了一个基本的对比框架,即狡猾的列那狐和卑鄙、愚蠢而又残忍的灰狼之间的矛盾。如果想在本书的英雄群体中引入一个反英雄,那我肯定选这只狼。自中世纪以来,欧洲意象世界中的一大受害者就是这只狼,它是在中世纪变得又凶残又愚蠢的。此外,《伊桑格兰》提供的一些场景在后来的《列那狐传奇》中也成为著名的片段,比如偷香肠、用尾巴钓鱼和列那狐医生看病的情节。

尽管有这些遗产可供借鉴,但《列那狐传奇》展现的是一个完全不同的情境,决定性地将列那狐塑造为中世纪意象世界中的一位英雄。在文学史上,这是一部独一无二的作品,因为《列那狐传奇》是先由教士、后由文学史家以一些相对独立的片段为基础编纂起来的,大约到 1170—1250 年间,不同时代的不同作家,都在编辑着我们现在所说的"枝本"(branches)。

在了解列那狐的生活及行为之前,需要强调,狐狸有众多自然品种,而小说及意象世界中的狐狸是生物学家称为"赤狐"(Vulpes vulpes)的品种,这是一种红棕色的狐狸,而红棕色自《圣经》以来就是邪恶的颜色,列那狐皮毛的颜色在一定程度上强化了它的形象中的负面成分。最后我们要知道,12 世纪,古法语和动物名学当中的狐狸(goupil,来源于拉丁语 vulpes)一词渐渐让位给日耳曼语中的狐狸(renard,或许来源于人名莱因哈特)。

我们可以通过《列那狐传奇》的不同枝本重新构建起还算连续的情节,正如罗伯特·博叙亚和西尔维·勒菲弗所做的那样,我在此引用他们的版本。列那狐连续对公鸡尚特科勒、山雀、花猫蒂贝尔、乌鸦铁斯兰,尤其是伊桑格兰狼耍花招。它让伊桑格兰的小狼崽出丑,和它的老婆母狼埃尔桑睡觉,甚至当着公狼的面强暴它。伊桑格兰和埃尔桑就去狮子国王诺布尔的宫廷请求伸张正义。列那狐发誓它会弥补自己的过错,因此避免了宫廷刑罚。它躲过母狼和狗给它设的陷阱之后,变本加厉地搞恶作剧羞辱公狼。列那狐再次被传唤去宫里,可是这次它不但没去,还吃了母鸡库佩。它最后还是在它的表兄格兰贝尔獾的

列那狐　173

狐狸和乌鸦。17世纪拉封丹的寓言使列那狐骗子的形象成为永恒，不过作者让他的动物主角更富人性，而且相对于列那狐的诡计来说，他更加突出乌鸦愚蠢虚荣的形象。来源：《拉封丹寓言》插图，卡尔韦-侯尼亚绘，约1910，巴黎，私人收藏。

强烈要求下去了宫廷。它被判处绞刑，不过因发誓自愿去圣地朝圣而逃过一劫。但它一获得自由，就扔掉十字架和手杖逃走了。国王把它围在英佩尔蒂（意即洞穴的"不良出口"）的地下城堡中，但是围攻以失败告终。列那狐做了成千上万次坏事，撒了无数次谎，勾引王后母狮，还想要篡夺狮子的王位。最终它受到致命伤而死去，被隆重埋葬，然而正当受害者们兴高采烈时，它又复活了，而且准备再次作恶。

　　这就是处在赞扬与憎恶之间的英雄列那狐，它是一种行为的化身，即智慧通过诡计堕落到欺骗与背叛的地步。在中世纪和欧洲的文化中，它是计谋英雄化的媒介，意象世界中没有任何善恶双重的英雄能在这个方面超过它。我们也看到了，

浪漫主义游吟诗人和杀手形象的列那狐。歌德在1794年将《列那狐传奇》译成德语《列那狐》。这幅钢版画是1867年的版本中第一章的插图。

根本不存在完美的英雄（完美不属于这个世界）。我们不禁会问：它到底是善，还是恶？

列那狐在动物宫廷里所施展的手段让我们不由得思考与诡计相连的社会和政治背景。正如中世纪的所有英雄，它和地点紧密相关。它深深扎根在大地中，住在莫贝尔蒂洞穴这个"反城堡"中。而且它尤其反映了中世纪意象世界中的一个基本要素，即便我们再怎么努力可能也不会在其他地方找到这一点——对食物的热情而疯狂地寻找。《列那狐传奇》是一部计谋的叙事诗，更可能是一部饥饿的叙事诗。列那狐还是一个体现男女关系的典型形象。它是封建社会男性的化身，与女性的关系游移在引诱与暴力之间。

最后，到 13 世纪，列那狐形象中的讽喻特点越来越强烈，与最初真实的动物特征相去渐远，而且逐渐魔鬼化。它越来越接近"魔鬼的形貌"（figura diaboli），体现着在中世纪不断得到强化的"骗子"这个魔鬼的基本形象。

从 13 到 16 世纪，欧洲各种方言不断扩张，列那狐也在欧洲文化和方言中大范围传播开来。首先是法语中吕特伯夫的《颠倒列那狐》（Renart le Bestourné）以及雅克马尔·热莱的《新列那狐》（Renart le Nouvel）的出现，还有 14 世纪初特鲁瓦的一位教士所写的《假列那狐》（Renart le Contrefait）。所有这些文本都强化了故事的讽刺特征。日耳曼（德语和弗拉芒语）的诗歌发展得最好，尤其是随着 12 世纪末海因里希·德·格利赫塞尔的《列那狐》（Reinhart Fuchs）的出现，以及弗拉芒语诗歌《列那狐》（Van den Vos Reinarde），还有它的续篇《列那狐的故事》（Reinaerts Historie）的问世。意大利版本《雷纳多与列森格里诺》（Rainardo e Lesengrino）出现在 13 世纪的威尼斯。最后，15 世纪末期，英格兰出现了威廉·卡克斯顿的《狐狸雷纳德》（Reynard the Fox）。

正如克劳德·里瓦尔所明确指出的，12 世纪之后，列那狐进入欧洲意象世界的第二大重要阶段是 17 至 18 世纪的古典时期，此时列那狐"被寓言作家的杜撰和科学家的叙述所分裂"。这位寓言作家是拉封丹，他将列那狐写进他的 24 篇寓言中。时代的审美趣味总是将列那狐视为骗子、诡计多端之人，但是寓言作家更加想要将动物和它象征的事物人性化。在作家眼里，它在中世纪遭人嫌弃的缺点更像是人类所特有的弱点，因为作家致力于以智力的正义代替暴力的正义，而且力求在冷酷的社会中保留自由的一隅。至于自然学家，很明显指的就是布封，尽管这位学者首先关心的是如何以一种科学、客观和不偏不倚的方式来描述动物，但他还是不禁在对狐狸的描写中掺杂了同情之心：

> 狐狸以诡计而出名，这也为它赢得了部分声望。灰狼只会使用力量，而狐狸则以机灵行事，并且胜算更大……它既精明又谨慎，既机敏又小心，甚至很有耐性。它行为变化多端，腹有良谋，而且运用得恰到好处……它绝不是迁徙动物，而是定居动物。[2]

《列那狐传奇》尤其是在日耳曼语区产生了重大影响。海因里希·格里赫塞尔的诗歌影响了后世一部著名的作品，它就是歌德于 1794 年所写的《列那狐》（*Reineke Fuchs*）。歌德的这个选择深受赫尔德的影响，他甚至将这个故事看作德意志叙事诗的典范，而列那狐则"完全是所有奥德修斯中的奥德修斯"。浪漫主义时期人们对列那狐的狂热在 20 世纪还一直持续，林登－莱格斯坦地区甚至还建立了列那狐博物馆。[3] 另一方面，荷兰罗克林市博物馆和洛桑大学、奈梅亨天主教大学合作于 1998 年共同举办了多场文化活动，以庆祝最古老的德文版《列那狐》（*Reynaert*）摇篮本诞生 500 周年纪念日，该书于 1498 年在吕贝克出版。

列那狐还成为 20 世纪法国文学中的主人公，这是对 19 世纪空想社会主义者傅立叶抨击它的反抗，傅立叶赞颂狗，为狼平反，却将列那狐看作恶臭和卑鄙的代表。在法国文学中，有多部作品以列那狐为主题，它"处在自然与文化、善良与邪恶之间的暧昧的双重特质令世人着迷"。大自然的赞颂者、小说家莫里斯·热纳瓦于 1968 年出版了《列那狐小说》（*Le Roman de Renart*）。路易·佩尔戈的《从古皮到玛戈》（*De Goupil à Margot*）在当时深受大众喜爱的"Folio"文库出版。让－马克·苏瓦耶围绕偷猎主题出版了著名小说《狐狸》（*Les Renards*，1986）。圣埃克絮佩里在他的经典哲学短篇小说《小王子》（*Le Petit Prince*）中，让狐狸和他的小主人公进行对话。

20 世纪下半叶出现了一个全新的列那狐的表现形式——儿童绘本，这使它获得了新的生命。于是，《小狐崽儿：小狐狸寻母记》（*Renardeau, un petit renard retrouve une maman*）于 1982 年在慕尼黑出版，1984 年由法国开心学校出版社再版，该出版社又于 1990 年改编了日本女作家林明子于 1989 年出版的绘本。亨

列那狐 177

给孩子们看的小狐狸。20世纪的作品给年轻人展示的狐狸形象，通常是其亲切而又深情的一面。这幅画中，小狐崽儿是狐狸妈妈疼爱的对象。来源：《小狐崽儿》，伊琳娜·科尔舒诺夫著，赖因哈德·米希尔绘图，1982。

利·博斯科的《岛上之狐》（*Le Renard dans l'île*）与雅克·谢塞克斯和达妮埃尔·布尔的《向月亮说不的狐狸》（*Le Renard qui disait non à la lune*，1974）都找到了各自的年轻读者群体。中世纪意象世界中的成年人的狐狸现在变成了儿童的狐狸。[4]

列那狐在电影界的命运相当让人震惊。首先，它成为拉季斯拉夫·斯达尔维奇的电影《列那狐传奇》（*Roman de Renart*）中的主人公，导演选取故事中的主要情节制作了一出木偶戏。电影所传达的是趣味游戏和自由主义的精神，是独立

列那狐和伊桑格兰狼，电影木偶的斗争。导演拉季斯拉夫·斯达尔维奇（1882—1965），俄国人，1919年定居法国，擅长用动画短镜头表现动物。《列那狐传奇》是他唯一的一部长镜头作品。该作品于1931年拍摄完毕，后期配音，1936年在德国完整推出，随后又于1939年在苏联上映。人物用木偶来表现，而斯达尔维奇则是这种电影类型的创始人。

精神对妄图控制生存各个方面的强权的反抗。

另外一件让人震惊的事情是列那狐和罗宾汉在迪士尼的动画中的碰撞。在1973年著名的动画《罗宾汉》（Robin Hood）中，就是列那狐扮演罗宾汉一角，它还戴着埃罗尔·弗林在迈克尔·柯蒂兹的电影中戴的毡帽。最后，最令人惊讶的可能还是狐狸在西班牙语中的称呼"zorro"，电影中最受欢迎的杰出英雄佐罗就是以此命名的。道格拉斯·范朋克在弗雷德·尼布洛的电影《佐罗的面具》（Le Signe de Zorro，1920）中的表现使其成为一个神话。该故事发生在19世纪中期的新墨西哥州和加利福尼亚州，超出了欧洲范围，将列那狐的传说扩展到更广阔的意象天地中，即美国西部的意象世界，佐罗-列那狐在那里接受了新的洗礼，变身蒙面侠客。[5]

列那狐在电影中变成佐罗。"佐罗"一词在西班牙语中指狐狸。自默片时代起，佐罗在众多美国和墨西哥电影中就是一位英勇的蒙面侠客。最著名的作品应该是《佐罗的面具》，弗雷德·尼布洛导演，由道格拉斯·范朋克饰演这一传奇角色。

左图：16世纪的罗宾汉。尽管罗宾汉可能指的是13世纪一位默默无闻的历史人物，但是直到15世纪末他才受到一定程度的追捧，出现他的肖像画。在这幅16世纪的画作中，他手持传说中的武器——平民与穷人之弓，不过在这里他被塑造成一位骑在马上的骑士。来源：私人收藏。

右图：中世纪到17世纪期间介于法外之徒和绅士之间的罗宾汉。这幅木版画作于约1600年，后来被上色。生活在12世纪的诺丁汉郡的罗宾汉的形象介于携弓带棍的法外之徒和身着紧身短上衣、头戴羽毛饰帽子的绅士形象之间，体现了通俗歌谣中的英雄的变迁。来源：私人收藏。

罗宾汉

Robin des Bois

历史上或许真有罗宾汉其人，但他本质上是一个文学创造的产物，一位歌谣塑造的人物，围绕他的歌谣成形于13至15世纪。罗宾汉不仅属于英国的意象世界，而且与整个欧洲的意象世界都息息相关。

欧洲意象世界起源于中世纪，而罗宾汉为这个世界所引入的，除了一位代表法外之徒、好打抱不平的造反者的形象，还有森林这个原生背景。罗宾汉在历史上可能确有其人，生活在13世纪的英格兰，但是最终还是文学作品明确了他的存在。最早提到他的作品是由威廉·郎格兰创作于1370至1390年间的著名寓言诗《耕者皮尔斯》[1]（*Piers Plowman*），罗宾汉在其中被作为通俗歌谣的英雄引用，不过，以罗宾汉为主题的歌谣作品则是15至16世纪的作品，而中世纪的细密画中出现他的肖像则是更晚近的事情。有人将他置于13世纪，尤其是14世纪末的英格兰社会的大背景下，与14世纪80年代的民众暴动和宗教冲突相呼应。罗宾汉是平民和穷人的保护者，是绿林好汉，也是江洋大盗。他身边总是跟着一位忠诚的伙伴（小约翰）和一位粗犷的僧侣（修士杜克）。浪漫主义还赋予了罗宾汉一位温柔的女友玛丽安。

罗宾汉的对头是一位反人民的敌人，即残忍的诺丁汉郡郡长，后者是政治和社会权力的代表。罗宾汉主要在诺丁汉郡的舍伍德森林中出没和行动。他的形象之所以神秘，还因为他有一张弓——一个深入人心的标志。他凭借弓箭这一标志性的武器反抗那些马上的贵族骑士，后者的武器是长枪和剑。就像中世纪的所有英雄一样，他是一位有着双重性的人物，介于正义和掠夺、公平和不平等、造反和归顺、绿林和宫廷之间。人们还注意到他的队伍中有一位平易近人且愤世嫉俗

罗宾汉，浪漫主义风格的民族英雄。沃尔特·司各特在他1819年的小说《艾凡赫》中赋予罗宾汉的特征永远地固定了下来。罗宾汉此前是一位伸张正义的法外之徒，从理查的篡位的弟弟——无地王约翰的阴谋中救出从十字军东征返回的"狮心王"理查之后，他成为君主制下一位忠君的英雄。罗丝·耶特曼·伍尔夫受《艾凡赫》的启发创作了通俗小说《绿林罗宾汉》（1910—1920），该图是小说中的插图，图中罗宾汉正向原谅他过错的国王理查致敬。来源：私人收藏。

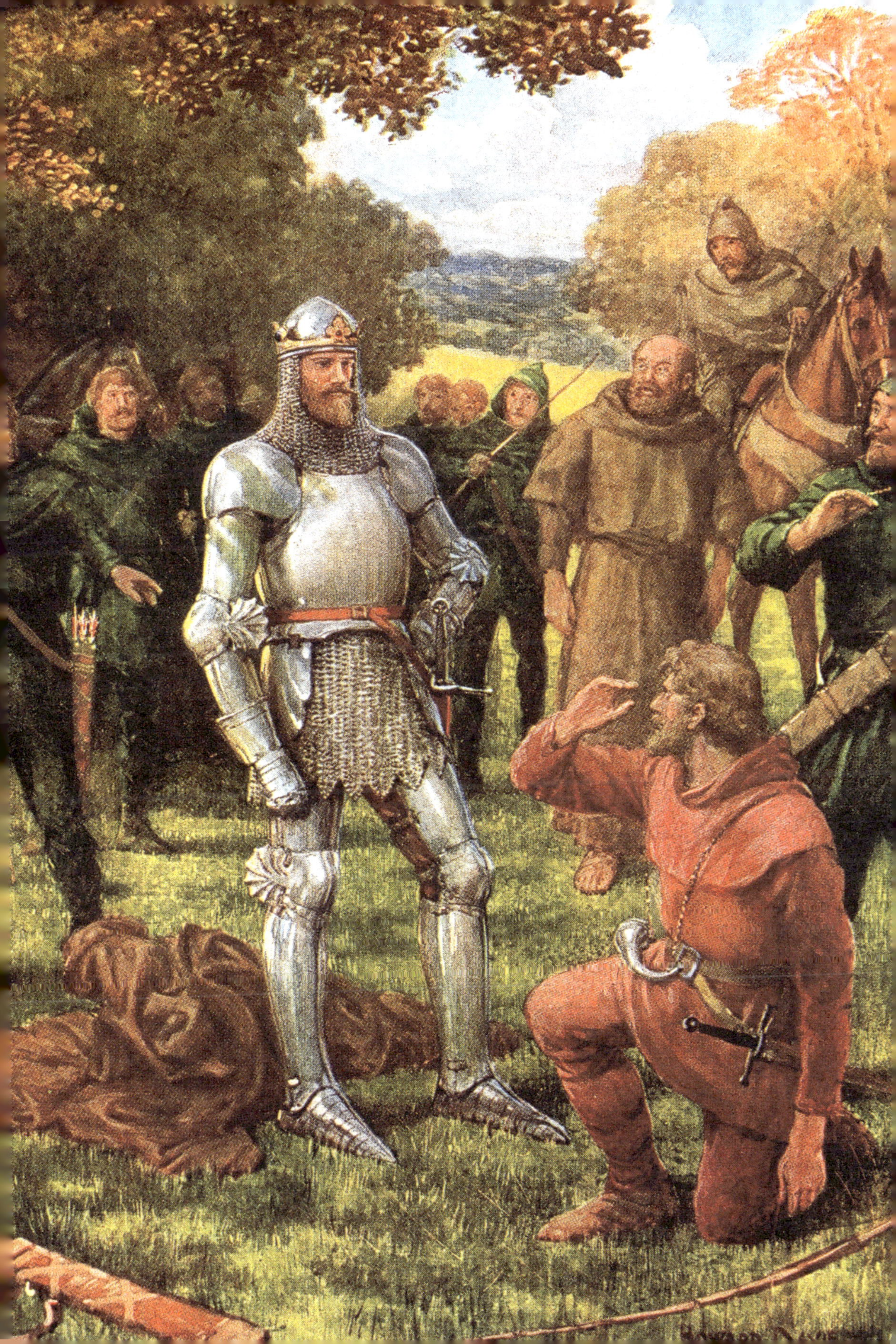

电影中的罗宾汉——道格拉斯·范朋克。罗宾汉为电影贡献了一位杰出的英雄。多位明星大腕都曾扮演过这个角色，此处在电影《罗宾汉》（1992）的海报上的人物是道格拉斯·范朋克。

的教士，他劫富济贫，营救那些在路上被骑士袭击的手无寸铁之人。15 至 16 世纪出现了许多为他而作的歌谣，其中主要歌谣的标题很明显地展现了他的冒险行动：《罗宾汉与修士》（Robin des Bois et le moine）、《罗宾汉与陶瓷匠》（Robin des Bois et le potier）、《罗宾汉与郡长》（Robin des Bois et le shérif）、《罗宾汉事迹》（La geste de Robin des Bois）、《罗宾汉之死》（La mort de Robin des Bois）。

莎士比亚也受到 16 世纪为罗宾汉创作歌谣的传统的影响，他的作品是该主题在整个中世纪最耀眼的表达，是巅峰之作。《皆大欢喜》（As you like it，1598—1600）是对罗宾汉故事的改编，讲述了一位贵族被自己的兄弟剥夺土地和职权之后逃难到阿登森林的故事。

罗宾汉的神话是虚构人物中的特例。我们已经看到，这些英雄和奇观总是在浪漫主义时期迎来新的发展契机，而对于罗宾汉来说，浪漫主义文学可以说给了他第二次生命。英国小说家沃尔特·司各特是现代和当代意象世界中的罗宾汉之父。他的著名小说《艾凡赫》[2]（*Ivanhoé*，1819）塑造了后世的罗宾汉形象。在这部小说中，沃尔特·司各特的天才之处在于将英雄安置在 12 世纪末，在英格兰历史的风云浩荡中赋予其崇高的使命。书中罗宾汉化名洛克斯利，率领队伍保护受诺曼人劫掠的撒克逊人，并且决心站在从十字军东征返军途中被俘的英格兰"狮心王"理查的一边，来对抗他的王弟约翰。尤其精彩的是，他成功救出隐姓埋名返回英格兰的国王，而他表明自己身份的那段情节是小说的一大高潮。沃尔特·司各特在此也解决了罗宾汉劫掠的问题，国王因其功劳而赦免了他。罗宾汉声明："我的君主有权知道我的真实姓名，我只怕陛下太熟悉这个名字了。我就是舍伍德森林的罗宾汉。"国王理查大叫道："啊，法外之徒的大王，绿林豪杰的领袖！谁人不曾听过你的名字呢？你的大名甚至都传到巴勒斯坦了。你放心，勇敢的罗宾汉，永远都不会有人追究你在我不在的这段混乱时期所做的一切。"[3]

罗宾汉似乎在美国公众那儿取得了最辉煌的成功，尤其是得益于作家、插画家霍华德·派尔的作品《罗宾汉奇遇记》（*The Merry Adventure of Robin Hood*，1883），他成为美国儿童的偶像。这是一本以罗宾汉为主人公的儿童插画书。1890 年，牛津大学毕业的作曲家雷金纳德·德·科文（1859—1920）的歌剧《罗宾汉》（*Robin Hood*）上演，大获成功。罗宾汉在美国取得的成功或许是他多少有些主动地去靠近西部英雄的结果。

无论如何，在沃尔特·司各特之后的一个世纪，电影使罗宾汉永垂不朽，其中两部由好莱坞影星主演的著名电影是其成功的保证。第一部是 1922 年艾伦·德万导演的默片电影，道格拉斯·范朋克主演。第二部是威廉·凯利导演，后来由迈克尔·柯蒂兹完成的《罗宾汉历险记》（*The Adventures of Robin Hood*，1938），埃罗尔·弗林主演，他身边的女英雄由奥利维娅·德哈维兰饰演。[4] 众多电影以罗宾汉为主角，其中还有一部沃尔夫冈·雷瑟曼执导、华特·迪士尼公司出品的动画电影（1973）。这些电影通常都有让人浮想联翩的名字，比如肯·安纳金的《罗宾汉和他的快乐伙伴们》（*The Story of Robin Hood and his Merrie Men*，

电影中的罗宾汉：埃罗尔·弗林。埃罗尔·弗林在迈克尔·柯蒂兹的有声电影《罗宾汉历险记》中重新饰演该角色。羽毛饰帽子成为英雄的显著标志，沃尔特·司各特为他杜撰的女友此处由奥利维娅·德哈维兰饰演。

1952），凯文·雷诺兹导演、凯文·科斯特纳主演的《侠盗王子罗宾汉》(*Robin Hood Prince of Thieves*，1991)。罗宾汉使人如此着迷，在以他为创作灵感的作品中，他不仅是一位侠盗，还是可恶的郡长永远的心头之患，也是虽渐渐老去但依然深情款款的绅士，这正是理查德·莱斯特 1976 年的电影《罗宾汉和玛丽安》(*Robin and Marian*) 的主题，片中肖恩·康纳利饰演年老的英雄，奥黛丽·赫本饰演玛丽安。自中世纪起，对所有年龄层的人来说，罗宾汉都是一位意象世界中永远的英雄。

左图：罗兰的号角。罗兰在战斗将要结束之时才吹响号角，但为时已晚，最终无济于事。他的号角已经成为该人物形象的标志，象征着人的无能为力。在图中，基督教徒化身13世纪的骑士，战斗被塑造成抗击非基督教徒的战役。头盔和盾牌体现出封建时代的服饰和纹章的变迁，象征性的树木代表战斗发生之地群山起伏的自然特征。来源：圣加仑手抄本，13世纪，私人收藏。

右图：罗兰和他的号角、佩剑、头盔以及锁子甲，还有奥雷亚加的树木。来源：圣加仑手抄本（局部），13世纪，私人收藏。

罗兰 Roland

罗兰是一位历史人物,但是我们对此人几乎一无所知。历史上他被世人所知,仅仅是因为9世纪初艾因哈德曾在查理大帝传一书中提到过他。

罗兰在书中是布列塔尼边境军区的军事长官。早期据传他是查理曼的外甥，而关于查理曼的暗黑传说还认为罗兰是大帝和他的姐姐乱伦生下的儿子。于是，无所畏惧、无可挑剔的英雄罗兰一出生便无可避免地带着污点。正如其他的英雄一般，罗兰在中世纪意象世界中不是一位毫无瑕疵的英雄。此外，在本书介绍的所有英雄中，可能只有他与某个民族文化——亦即法兰西文化——联系最为紧密。正如我们所见，罗兰是文学作品《罗兰之歌》创造的产物，而我们称这部作品是"我们的文学、文化和历史的奠基之作，是我们的语言第一次创造性的展现"。[1]

《罗兰之歌》诞生于1100年前后，是"两组元素的结合，一方面是古老而无法界定的材料，一方面是一位诗人创造力的精神和艺术，我们称这位诗人图尔罗（Turold）……这部著作是一次天才的创举的成果，它的出现使过去的诗歌和故事不复光鲜"。[2] 作者图尔罗应该是一位盎格鲁－诺曼教士，曾在"巴约挂毯"上出现过。约1125年，马姆斯伯里的威廉曾讲述，在征服者威廉攻取英格兰的黑斯廷斯战役中，有一位杂耍艺人在诺曼底军队中唱着一首"罗兰的歌谣"（Cantilena Rolandi）。或许《罗兰之歌》有一个原始版本，反映了12世纪中期受圣德尼启示的卡佩王朝的民族精神。不过现代版《罗兰之歌》所参照的手抄本是一份英国化、现代化的抄本，作者是金雀花王朝的盎格鲁－诺曼国王亨利二世的身边人，该抄本现存于牛津大学，年代在1170到1180年之间。

《罗兰之歌》以史实为基础，讲述的是加洛林王朝军队南征西班牙，查理大帝征讨撒拉逊国王，尤其是萨拉戈萨国王马尔西勒的故事。查理曼身边主战的罗兰与主和的加内隆争执不下。查理曼决定与马尔西勒议和，然而憎恨罗兰的加内隆怂恿马尔西勒毁约袭击查理曼的后卫部队，而率领后卫的正是罗兰。偷袭发生在比利牛斯山脉中的奥雷亚加山口的隧道处，大批撒拉逊军队袭击了罗兰率领的一小队基督教士兵，罗兰的副手是他的战友奥利维耶和大主教蒂尔潘。罗兰此时应该向皇帝呼救，请求主力部队支援，然而他因骄傲而拒绝这样做。当他最终主动吹响号角呼唤查理曼之时，却为时已晚。罗兰和他的战友只能奋勇抵抗，最终无一人生还。迟到的查理曼只能将他们体面地安葬，他回到亚琛之后将罗兰的死讯告知其未婚妻——美丽的奥德，她也悲痛而死。年迈的皇帝一边悲叹，一边下定决心：他和撒拉逊人必有一战。

《罗兰之歌》完全被十字军东征的精神所浸润，但是在几个世纪中，在意象世

罗兰　191

奥雷亚加之战。该图表明罗兰战死的原因是基督教军队与撒拉逊士兵数量相差悬殊，寡不敌众。图中的斜坡象征将两支军队隔开的比利牛斯山脉。来源：Ms fr. 6465, fol. 113，约 1460，巴黎，法国国家图书馆。

界中留下最深刻的印记并不是这种精神。该作品留下的最主要的遗产，是成为基督教骑士典范的罗兰的形象，正如我们所见，他后来还成为法国骑士的典范。

在《罗兰之歌》中，罗兰的人物形象通过他与四个人物的关系体现。人们对罗兰和奥利维耶之间的对比印象尤其深刻，他们是亲密的战友，但行为和性格却迥然不同。书中写道："罗兰英勇，奥利维耶睿智。"罗兰的性格急躁，因此在接下来的故事中很容易"暴怒"；奥利维耶比较稳重。实际上，对于该作品而言，完美的骑士或许就是他们二人的结合体，平和克制着偏激。值得注意的是，在欧洲尤其是法国的意象世界中，那些极端的人物更占优势。此外，正如皮埃尔·勒让蒂所见，《罗兰之歌》中的罗兰是一位有弱点的人物。首先他合乎人性，他拥有人性的特点，我们已经了解，中世纪和欧洲的意象世界中的所有英雄都具有这种特点。另一对组合是罗兰和查理曼。有人早已强调《罗兰之歌》是一首表现封建附庸制度的诗歌，该作品精彩地表现了以君主和诸侯的关系为基础的封建社会思想。沙特尔大教堂的彩绘玻璃窗将罗兰和查理曼的形象紧密地联系在一起。在我看来，此处突出的应该是国王（皇帝）的形象。查理曼并不是一位独裁者，他察纳雅言，从谏如流，权衡利弊，也哀叹他作为君主的责任。该形象表明，在欧洲的意象世界中，最高政治权力并不意味着专制权力，也就是说，16 至 18 世纪的君主专制时代并不是欧洲政治意识形态的必然之路，而只是这场大变迁中的小小插曲。

除了奥利维耶和查理曼，罗兰还与大主教蒂尔潘保持着特殊的关系。后者明显是教会的代表，后世文学对他也多有刻画。这对人物组合表现出世俗与宗教的互不妥协。第一社会功能的代表（祈祷的教士）与第二社会功能的代表（冲锋陷阵的战士）之间理想的相处模式要像罗兰和蒂尔潘一般保持着友好的关系。最后，罗兰的形象还通过与女性的关系得以体现，不过奥德在作品中的地位比较暧昧，她是英雄所追求的伴侣，而且诗歌以她的死结束，但是所有的情节都是在男人之间展开的。这正是乔治·杜比所说的"男性的中世纪"。英雄罗兰还因拥有和使用过打上神圣烙印的器物而显得与众不同，首先要提的是他的佩剑——迪朗达尔，这个名字仿佛赋予了它生命，使它成为罗兰生死不弃的战友；另外一件是他别在腰间的号角奥里凡，这也是一件圣器。它能发出声音和呼唤，发出求救的信号，我们可以把它看作一只可以呜呜作响的兽角。

罗兰同样具备英雄的传统形象，他的死亡和坟墓都被赋予了重要意义。《罗兰之歌》是一首延宕的挽歌，奥雷亚加是最具威名的墓地。该坟墓因突出了罗兰极其重要的特质而更显得别具一格。整首诗都沐浴在大自然中，英雄的史诗在苍莽群山中、在雄浑天穹下上演。值得注意的是，有关罗兰的传奇遗迹通常都出现在自然环境中。正是在大自然中，他留下了传说中的大部分行迹：许多岩石被他用迪朗达尔一劈为二，比如他在位于比利牛斯山脉法国段——加瓦尔涅的冰斗上留下的缺口，或是拉斯佩齐亚附近的圣泰伦佐的岩石，尤其是在意大利，许多地点都还留存有罗兰"膝盖"的印记。我们已经了解，一位英雄是和一个地点、一处空间相联系的，而罗兰是一位多元空间的英雄。罗兰还融入另外一群神奇人类——巨人的意象世界中。在萨沃纳附近的龙科迪马里奥山上，他留下一只巨大的脚印。他最令人惊叹的传奇形象是 1404 年德意志不来梅市为其竖立的雕像。这座雕像高 5 米，作为城市权力与特权的象征，坐落在市政厅前。历史上它经常被移动用于宗教仪式游行，至今依然在那里。

在我看来，所谓的中世纪到浪漫主义的过渡时期只是长长的中世纪历史的一个阶段，这个阶段一直延续到18世纪，在此时期，罗兰的形象发生了重要的变化。在意大利，罗兰被一场意识形态和文化思潮所裹挟，这场运动尤其受到费拉拉的大贵族埃斯特家族的支持。罗兰成为这些新的史诗中的英雄，诗中的骑士精神体现出疯狂的一面，它们是熠熠生辉的中世纪意象世界最优秀的创造物之一。两位重要作家的作品展现了罗兰这一新形象，他们的背后都有埃斯特大公的支持。第一位作家博亚尔多是一位人文主义者，他在1476到1494年间创作了《热恋的罗兰》（Orlando inamorato），将加洛林的主题与亚瑟王的传奇组合在一起。他在书中尤其是在罗兰和美丽的安热莉克这对新恋人中表现出细腻复杂的爱情心理。博亚尔多启发了16世纪初费拉拉的大诗人阿里奥斯托，他在1516到1532年间创作了《疯狂的罗兰》（Orlando furioso）。该诗讲述的是异教国王阿格拉曼特和罗多蒙特（法语中的"吹牛"[rodomontade]一词便来源于此）与基督教徒查理曼和罗兰之间的战争，还有罗兰和安热莉克之间不幸的爱情故事。爱情使罗兰陷入疯狂之中，这就是诗题的意义所在，不过，书中还包含撒拉逊人罗杰对布拉达曼特的爱情，

罗兰的雕像。罗兰——城市的守护者。罗兰在中世纪成为德意志某些城市的守护者，为了求得这位几乎成为圣人的英雄对城市及市民的庇护，人们竖立起巨大的雕像，使其成为宗教仪式游行的主角。该图中的罗兰雕像高5米，于1404年竖立于不来梅市。作为城市权力与特权的象征，它一直都是该城市的标志。该雕像安放在市政厅门前。

罗兰，西西里岛的木偶。中世纪的《罗兰之歌》和16世纪初阿里奥斯托的《疯狂的罗兰》的混合启发了西西里岛的木偶戏表演。该图展现的是罗兰和雷诺之间的决斗。来源：巴勒莫，阿尔真托剧院。

以及他皈依基督教而成为埃斯特家族的始祖的情节。罗兰在阿里奥斯托的笔下成为熠熠生辉的中世纪意象世界的英雄，成为一位受人爱戴的骑士英雄。罗兰的后世形象时而和古老的《罗兰之歌》中的更为相近，时而烙上较现代的《疯狂的罗兰》的印记。阿里奥斯托笔下的故事传承了下来，尤其是在西西里岛，要么体现在大车立柱的雕塑上，要么特别体现在木偶戏的人物角色上。除了疯狂的罗兰的形象之外，意大利还塑造出一种新的骑士英雄类型——圣骑士（paladin）。该词来源于法语"palatin"（宫廷中的），13世纪在意大利语中演变为"paladino"，意为骁勇的人物、骑士，主要指查理曼的重臣。该词被阿里奥斯托在《疯狂的罗兰》一书中使用，16世纪又从此书回到法语中。从此以后，罗兰就属于"圣骑士"这一特定的骑士英雄团体。

克里斯蒂安·阿马尔维曾描述过意象世界历史的另一条谱系在19世纪的法国催生出一个民族性甚至世俗性的罗兰形象的过程。正如中世纪大部分英雄一般，罗兰首先被浪漫主义所借用。在法国，两位浪漫主义大诗人曾为他写诗，这些作品在19世纪末成为小学生的必背课文。这两首诗是阿尔弗雷德·德·维尼的《号角》（*Le Cor*）和维克多·雨果的《世纪传奇》（*La Légende des siècles*）。不过，这一切都是《罗兰之歌》普及的前奏。《罗兰之歌》第一个既具有学术价值又通俗易懂的版本由弗朗西斯克·米歇尔于1837年出版。随后，在维克多·迪吕伊于1867年将历史引入小学教育之后，《罗兰之歌》成为原始的历史材料。此后，现代法语译本蓬勃涌现，具有决定性影响力的版本是莱昂·戈蒂埃1880年的译本，他的另一部作品《骑士阶层》在当时发行量巨大，学术价值极高，明确了有关该社会阶层及其意识形态的学问及魅力。1870年之后，罗兰同其他战争英雄一起被小学和中学教师强行拉入反抗普鲁士人的复仇军的麾下，其中有维钦托利、圣女贞德、迪盖克兰、巴亚尔骑士、蒂雷纳、奥什和马尔梭。*罗兰虽然战败，但也在其列。他不仅鼓舞了法国天主教徒和修士，还受到共和党人和非宗教人士的欢迎，前者喜欢罗兰在人们看来非常正常，后者则令人十分惊讶。不过，米什莱教他们将《罗兰之歌》视作一部法国人民的天才之作，是集体灵魂的表现。而在第一次

---

* 维钦托利，反抗罗马人统治的高卢领袖；圣女贞德，英法百年战争时期的民族英雄；迪盖克兰，英法百年战争时期的布列塔尼将领；巴亚尔骑士，瓦卢瓦王朝时期的著名骑士；蒂雷纳，活跃于三十年战争时期的名将；奥什、马尔梭，均是法国大革命时期的将领。

野蛮的现代罗兰。在弗兰克·卡森蒂的《罗兰之歌》(1978)这部著名电影中，著名的狂躁演员克劳斯·金斯基饰演罗兰，他手持迪朗达尔宝剑，凶狠、好斗、歇斯底里。

世界大战之后，贞德被封圣，得到了秉持不同理念的法国人的承认，取代了茹费理时代的罗兰的地位。

英雄罗兰在今日的欧洲意象世界中的地位较为模糊。在意大利的话，除了西西里的木偶戏，电影也或多或少传承着阿里奥斯托的故事，比如彼得罗·弗兰奇希的电影《不屈的罗兰》(*Orlando e i Paladini di Francia*, 1956)，G. 巴蒂亚托的《战火狂焰》(*I paladini*, 1984)。不过在法国，罗兰好像只启发了一部早已过时的作品——路易·弗亚德的《罗兰在奥雷亚加》(*Roland à Roncevaux*, 1913)，还有一部尽管很吸引人但是非常边缘化的作品——弗兰克·卡森蒂的《罗兰之歌》(*La Chanson de Roland*, 1978)。

现实仿佛不利于英雄罗兰的再次复兴，不过意象世界如此依赖历史中的偶然和变化，我们无法预料如此梦幻的圣骑士将来是否会在欧洲的意象世界中谋得一席之地。

左图：特里斯坦和伊索尔德：森林中的恋人。这对恋人身着15世纪的贵族华裳，因被马克王追捕而逃到危险的莫萝华森林中。特里斯坦和伊索尔德的爱情冒险突出了爱情的所有风险。来源：散文版特里斯坦，《特里斯坦和伊索尔德》，ms fr. 102, fol. 71，巴黎，法国国家图书馆。

右图：特里斯坦和伊索尔德，接近疯狂的浪漫主义风格。中世纪的德意志传说给精神不正常的巴伐利亚国王路德维希二世带来了特里斯坦和伊索尔德的故事，他本人也曾受到瓦格纳的影响，而故事则通过浪漫主义的塑造成为神话。这对恋人的形象是新天鹅堡的卧室中的装饰品，该城堡建于约1832年，路德维希二世经常在此居住，直到1886年去世。爱情在此近乎神经官能症。

特里斯坦和伊索尔德

『特里斯坦和伊索尔德以及圣杯的传说是中世纪西方最重要的神话,一个以死亡告终的不幸的爱情神话』让－马里·弗里茨如此写道。

尽管这个传说已经成为一个具有欧洲意象世界的特点的神话，但人们还是经常将其与世界性的民间故事以及一个波斯传说相比照。波斯的维斯和拉明故事*让我们想起马克、特里斯坦和伊索尔德的三角关系。不过这个传说的原型应来源于凯尔特文化，自12世纪起传播到所有欧洲基督教国家。此外，虽说特里斯坦和伊索尔德是中世纪的标志性人物，但是这对恋人已经成为现代爱情的化身，而不仅仅局限于中世纪。作为中世纪奇观的圣杯仅在本书中有关骑士的章节被提及，而特里斯坦和伊索尔德却有一席之地，因为他们的故事比其他所有的神话更能体现中世纪女性和恋人的形象，以及宫廷爱情的形象。除了封建忠诚的情感之外，宫廷爱情或许是中世纪留给西方世界的最重要的情感价值遗产。[1]

该传说包含在一系列作品残篇中。该系列总体包括两篇韵文小说，其中一部由英格兰的托马斯写于1170至1173年间，被视为"宫廷版"，不过现在仅存原文的四分之一左右；另一部由一位诺曼裔诗人贝鲁尔创作于约1180年，即所谓的"普通版"，现仅存残卷4485行。此外还要加上3篇短篇韵文故事：2篇《特里斯坦的疯狂》（Folies de Tristan），根据手稿的发现地点分别被命名为《伯尔尼版疯狂》（Folie de Berne）和《牛津版疯狂》（Folie d'Oxford）；第三篇短篇故事是法国的玛丽的抒情小诗《金银花》（Lai du chèvrefeuille）。在此还要加上特里斯坦和伊索尔德在斯堪的纳维亚文学中的萨迦，由修士罗伯特于1226年在挪威国王哈康四世的命令下创作。至于创作于约1230年的《散文版特里斯坦》（Tristan en prose），它以长篇小说的形式出现，是对特里斯坦和伊索尔德的神话的改写，受到《散文版兰斯洛特》（Lancelot en prose）的影响：故事不仅发生在伊索尔德的夫君、特里斯坦的舅舅——马克王的宫廷中，还与亚瑟王的宫廷有关联。特里斯坦在书中成为圆桌骑士团的一员，也是圣杯的追寻者。特里斯坦和伊索尔德的神话很快就传遍了欧洲所有基督教国家，除了前文已经提到的古诺尔斯语萨迦之外，还有必要一提的是12世纪末奥贝格的艾尔哈特的小说以及一些改编作品，由斯特拉斯堡的戈特弗里德及其后继者——蒂尔海姆的乌尔里希、弗赖贝格的海因里希——创作于1200到1210年间，均以中古高地德语写就。约1300年，英格兰出现一本用中古英语创作的《特里斯特雷姆爵士》（Sir Tristrem），作者不详。人们还在佛罗伦萨的里卡迪图书馆中发现一个意大利版本，为散文体，可追溯到13世

---

* 古老的波斯爱情故事，发生在伊斯兰化前的波斯，记录在11世纪波斯诗人古尔加尼的诗歌中。

特里斯坦和伊索尔德　201

爱情魔药。在特里斯坦和伊索尔德的爱情故事中，布列塔尼和不列颠岛之间的船只往来非常频繁。在船上，特里斯坦带着将与他的舅舅马克王成婚的伊索尔德，两个年轻人专注于领主们的象棋游戏中，误饮了成为无法分离的情侣的魔药，注定难逃爱情的宿命。来源：散文版特里斯坦，《特里斯坦和伊索尔德》，ms fr. 112, fol. 239，巴黎，法国国家图书馆。

纪末，被命名为《里卡迪版特里斯塔诺》(*Tristano Riccardiano*)。

　　以这些文本为基础，我们可以将特里斯坦和伊索尔德的传说概括如下：孤儿特里斯坦由他的舅舅——康沃尔的马克王抚养成人。在一次前往爱尔兰的旅途中，他从恶龙手中救出了爱尔兰王后的女儿伊索尔德（我们在这里可以看到圣乔治的传说的影子以及特里斯坦的骑士特征），并为马克王向她求婚。但是，在海上旅途中，他和伊索尔德误饮了伊索尔德的母亲为她的女儿和马克王准备的爱情魔药，年轻人在不可抵挡的爱情面前无法自制而成为恋人。在伊索尔德的新婚之夜，拿错魔药的侍女代替她来到马克王的身边，牺牲了自己的贞洁。在一系列曲折离奇的际遇中，特里斯坦和伊索尔德努力在多疑的马克王、敌视这对年轻恋人的贵族，

特里斯坦与恶龙之战。在特里斯坦所要经受的考验中,自然避免不了英雄与恶龙——爱人的看守者——之间的传统对抗。特里斯坦和伊索尔德的神话在15世纪末非常流行。来源:意大利,博尔扎诺省,龙克洛城堡,15世纪,特里斯坦的房间壁画。

以及多少能够支配马克王的诸侯面前隐瞒自己的爱情。但最终他们还是被逮了个正着，被马克王判处死刑。他们逃到莫萝华森林中，过着悲惨的流浪生活。马克王无意中发现了他们，但是看到他们持身清白，就赦免了他们，他们因此重返宫廷。伊索尔德立下一个含糊的誓言，洗清了通奸的罪名，而特里斯坦则因为报复贵族而被马克王流放。从此以后这对恋人只能每隔一段时间秘密幽会，每当特里斯坦回到宫中时，都要化装成朝圣者、杂耍艺人和小丑。他奉命娶卡赖国王的女儿——玉手伊索尔德，不过他始终忠诚于金发伊索尔德，与另一个伊索尔德仅有夫妻之名。最后特里斯坦中毒箭受伤，他让人去叫金发伊索尔德到他的身边，但是妒火中烧的玉手伊索尔德没有悬挂表明金发伊索尔德到来的白纱，反而挂上表明她没有来的黑纱。绝望的特里斯坦撒手人寰，金发伊索尔德扑到他的尸体上，旋即死去。

特里斯坦和伊索尔德的神话给欧洲的意象世界打上了深深的烙印。这对恋人的形象及其爱情极具影响力。魔药成为一见钟情和爱情宿命的象征。三角爱情故事将炽热的爱情和通奸紧密地联系在一起。最终，神话将爱情与死亡之间的必然联系深深植根于西方意象世界中。前文提到的斯特拉斯堡的戈特弗里德在13世纪写道："虽然他们已去世很久，但是他们富有魅力的名字依然流传，他们的死亡使他们活得更久，为了世界的益处而直到永远。他们的死亡历久弥新……我们阅读他们的生，阅读他们的死，而且这个故事比面包还要柔软。"我们还会注意到马克作为丈夫和国王的相对缺位和无能。特里斯坦和伊索尔德处于婚姻权力和君主权力受到限制的背景下。与其说神话将爱情置于反抗者的位置，不如说将其置于社会的边缘位置。

有人曾质疑特里斯坦和伊索尔德的神话是否反映了宫廷爱情的全貌，或者说至少部分脱离了这个范畴。即便是在"宫廷版"的特里斯坦和伊索尔德的神话中，看似也有一些非宫廷的方面存在（这一点我们将在下一章游吟诗人的意识形态中再次看到）。克里斯蒂安娜·马尔凯洛－尼齐亚曾强调该故事处于骑士与贵妇人的关系之中，但游离在宫廷道德规范之外。"首先，宫廷贵妇人具有教化的作用，她将年轻男性纳入封建社会体系中，使其服从封建价值观……然而，特里斯坦的故事则正相反，它表现成一系列遁世、逐步边缘化的情节，最终走向死亡。此处需要认真研究一下特里斯坦的伪装：其他的宫廷贵妇鼓动情人去建立赫赫战功，而

恋人之死。1943 年，法国电影导演让·德拉努瓦以让·科克托的剧本为基础重新拍摄了特里斯坦和伊索尔德的故事。他赋予该电影一种既现代又古老的特质，他引导演员拍出恋人之死的依旧传奇的一幕——让·马雷和马德莱娜·索洛涅扮演的特里斯坦和伊索尔德的尸体横陈在被打翻的致命之船上，而演员的外貌与演技则给他们的角色留下深深的烙印。来源：《永恒的回归》，让·德拉努瓦导演，1943。

特里斯坦对伊索尔德的爱情却没有激发他的军事才能，反而是计谋和伪装。"

15 和 16 世纪的人们一直醉心于特里斯坦和伊索尔德的神话。15 世纪中期，英格兰诗人马洛礼创作了一部《利昂纳的特里斯塔姆》(*Tristam de Lyone*)，大获成功。16 世纪，丹麦出现了以该传说为主题的歌谣。德意志人汉斯·萨克斯于 1553 年创作了《特里斯坦和伊索尔德》(*Tristan mit Isolde*)。1580 年，诞生了一部塞尔维亚-克罗地亚语的《特里斯坦和伊索尔德》(*Tristan et Iseult*)。在 17 和 18 世纪的沉寂之后，这个神话被浪漫主义习惯地复兴。奥古斯特·威廉·施莱格尔于 1800 年创作了一部《特里斯坦》(*Tristan*)，但未能完成。沃尔特·司各特 1804 年创作了《特里斯特雷姆爵士》(*Sir Tristrem*)。1831 年，冰岛语的《特里斯坦》(*Tristan*)萨迦出版。

在法国，特里斯坦和伊索尔德的复兴与普及与 19 世纪的学术运动密切相关。弗朗西斯克·米歇尔在 1835 到 1839 年编订了特里斯坦韵文小说的文集。1900 年，约瑟夫·贝迪耶编纂出版了现代版特里斯坦文集，名为《特里斯坦和伊索尔德小说》(*Le Roman de Tristan et Iseut*)，用他所称的"这个爱情与死亡的美丽故事"感动了广大读者。

在此期间，特里斯坦和伊索尔德重新出现在英国诗歌中，比如马修·阿诺德在 1852 年的诗歌，以及斯温伯恩的《利昂内斯的特里斯特拉姆》(*Tristram of Lyonesse*)。特别是，他们因理查德·瓦格纳的音乐而获得新的生命。瓦格纳在 1854 年有了创作《特里斯坦和伊索尔德》(*Tristan et Isolde*)的初步设想，在叔本华的影响下，他加强了神话的悲剧性和悲观的特质，和以前一样，他亲手同时创作歌词和音乐。他在1859—1860年完成了《特里斯坦和伊索尔德》，作品于1865年在慕尼黑皇家剧院首演，由汉斯·冯·布洛担任指挥。瓦格纳当时是布洛之妻、李斯特之女——科西玛的情人，他们生下一女，起名为伊索尔德。

在19世纪的歌剧之后，20世纪，是电影给予了特里斯坦和伊索尔德的神话一部新的作品，影片中爱情与死亡的宿命标志为其注入了新的生命。这部作品就是让·德拉努瓦导演的《永恒的回归》(*L'Éternal Retour*)，它以让·科克托的剧本为基础，让·马雷和马德莱娜·索洛涅饰演神话中的恋人。

左图：精通音律的游吟诗人，他们创作诗歌并谱成曲。《圣母玛利亚歌曲集》是一部献给圣母的带有宗教性质的歌集，世人对玛利亚的崇拜在13世纪达到顶峰。歌集中包含大量诗歌和细密画，由莱昂和卡斯蒂利亚的国王"智者"阿方索十世（1252—1284在位）下令创作。来源：《圣母玛利亚歌曲集》（局部），13世纪，马德里，埃斯科里亚尔图书馆。

右图：该细密画与左图出自同一份手稿，表现了两位游吟诗人的形象，其中头戴王冠的一位是阿方索十世，他正在弹奏鲁特琴。来源：《圣母玛利亚歌曲集》（局部），13世纪，马德里，埃斯科里亚尔图书馆。

游吟诗人

『游吟诗人』（troubadour）一词是出现于12世纪的古普罗旺斯方言词汇『trobador』的法语变体。

骑马的游吟诗人。第一批游吟诗人都是大领主。这幅细密画展现了骑马的奥克语游吟诗人若弗雷·吕德尔的形象,他是布莱的领主,在 12 世纪中期参加十字军东征,并创作了《远方之爱》一诗。来源:普罗旺斯游吟诗歌集,12—13 世纪,ms fr. 12473, fol. 127 v°,巴黎,法国国家图书馆。

南方游吟诗人*是指那一类抒情诗人，他们创立了朗格多克文学，并将我们在19世纪末所称的宫廷爱情引入了欧洲。而"trouvère"一词则是"trobador"的奥依语形式，指那些模仿奥克语游吟诗人，但出现年代稍晚，活跃在法国北方的抒情诗人。这个词来源于奥克语中的"trobar"，意为"发现"，指代字词和诗歌的创造者。世人非常看重南方游吟诗人的创作天才，还有他们在奥克语地区，以及后来在12和13世纪在整个基督教欧洲所扮演的文化与社会角色，因此他们完全有资格跻身中世纪的英雄行列，他们所创造的文学以及他们歌颂的道德规范（基本是爱情）也应该被视作奇观。

游吟诗人文学是一种非宗教创作，诞生在法国南部的封建王宫中，首先出现在阿基坦地区和普罗旺斯地区，后来传到加泰罗尼亚地区和意大利北部。

本书中的游吟诗人见证了地点和文化起源的多样性，而欧洲各地文化都是中世纪文化的重要组成部分。我们在前文已经看到凯尔特文化的重要性，而南方游吟诗人则证明了奥克语文化的重要性。

南方游吟诗人创造和歌颂了"精致之爱"（finámor，奥克语）。精致之爱与宫廷相连，与贵族生活艺术的理想有关，包括礼仪、雅致以及考究的生活方式，还包括骑士荣誉的含义。

"精致之爱"是将游吟诗人构想出的爱情艺术的恋爱关系付诸实践。已婚女性是这种关系的主角，她们唤起情人追求的欲望，后者则通过游吟诗人的诗歌表达自己的心意。这种关系是对封建从属关系的模仿，被追求的女性是夫人（"mi dona"在奥克语中意为"我的领主"），她的情人和充当信使的游吟诗人则是她的仆从。

"精致之爱"的目标是追求爱欲和肉欲的满足，游吟诗人称其为欢愉。有人将"精致之爱"定义为"一种掌控欲望的性观念"。尽管游吟诗人的诗歌与宫廷文化有千丝万缕的联系，它也可以追随反宫廷的思潮。勒内·内利断言，"在任何时代的奥克语抒情诗中都存在'粗野的诗歌'，几乎不符合宫廷理想的标准，甚至与其背道而驰，因此就导致一群好色、好战的贵族的自私与憎恶女性的天性放任自流，同过去无良教士的诗歌一般露骨。有人称之为反成规的文学、粗野的爱情、下流

---

* 法国12、13世纪的游吟诗人分为"troubadour"与"trouvère"两种，前者是以奥克语进行创作、活跃在法国南方的游吟诗人，而后者是以奥依语进行创作、活跃在北方的游吟诗人，现代法语便是由奥依语演化而来。为方便介绍，译者将两者统称为"游吟诗人"，仅在必要时进行区分。

的抒情诗"。

关于游吟诗人,人们今天仍在争论他们是否曾为女性的歌颂及女性地位的提高贡献过力量,还是说只是粉饰了中世纪社会对女性基本仇视的态度。让－夏尔·于歇曾将"精致之爱"定义为"用字词将女性排除在外的艺术"。游吟诗人既是夫人的仆从,又是她们的看守者。有人曾强调游吟诗人的人物形象和文学、音乐创作与贵族的中心宫廷的紧密关系。有人试图将游吟诗人的资助者的角色赋予几位显贵女性,这种做法更具争议。如果说纳伯讷的女子爵埃芒加德(逝于1196)、法国奥依语区的香槟女伯爵玛丽(逝于1198)、法王路易七世与王后阿基坦的埃莉诺的女儿,以及大诗人克雷蒂安·德·特鲁瓦的女保护人曾真正地扮演过这样的角色,而所谓的资助者——阿基坦的埃莉诺(1122—1204)则无法让人信服。

第一位受到肯定的游吟诗人是一个大领主——纪尧姆九世,他生于1071年,从1086到1126年是阿基坦公爵,他将首都普瓦捷打造成游吟诗人最早繁荣的中心。不过纪尧姆九世既是一位重要的抒情诗人,也是一位憎恶女性的淫秽诗人。自13世纪中期起,他的《生平》(Vida)就写道:"普瓦捷伯爵是当时最擅长欺骗女人的人之一。他深谙作诗吟唱之道,并且漫游各地以勾引更多的女人。"

得益于一群新的英雄——北方游吟诗人的出现,南方游吟诗人的艺术传播到法国北部地区。北方游吟诗人聚集和活跃的地区主要是香槟、皮卡第和阿图瓦。不过,到13世纪,他们已经遍布法国整个奥依语地区。在阿拉斯,市民和游吟诗人组成一个文化团体——勒皮伊(le Puy),成为当时抒情诗歌和音乐的重镇。12世纪中期,奥克语游吟诗人、布莱领主若弗雷·吕德尔参加十字军东征,创作了《远方之爱》(Amor de lonh)一诗。马卡布鲁是12世纪中期第一位神秘主义游吟诗人,他的晦涩难懂的诗歌形式吸引了众多欧洲人,甚至包括阿西西的圣方济各。

除了爱情,战争也是游吟诗人偏爱的主题,他们喜欢歌咏战士的壮举。于是,博恩的贝尔特兰(1159—1195)表示:"我跟你们说,我听到双方冲锋的呐喊声、人翻马嘶喊救命的声音远比吃饭、喝酒和睡觉要开心,大小兵将滚落到裂谷荒草中的情景,还有那插在死者胁下的长枪所散发出的冷冷寒光使我着迷。"

13世纪初的阿尔比十字军*颠覆了创造游吟诗人的社会。13世纪,游吟诗人

---

* 阿尔比十字军(1209→1229)是教皇英诺森三世为铲除阿尔比派,对法国同部朗格多克地区发动的长达二十年的军事行动。

12 世纪的奥克语游吟诗人——马卡布鲁。马卡布鲁是 12 世纪中期第一位神秘主义游吟诗人，"发现"一词指的是这一派游吟诗人的诗歌晦涩难懂的特点。来源：普罗旺斯游吟诗歌集中的细密画，13 世纪，ms fr. 12473, fol. 102、巴黎、法国国家图书馆。

浪漫－象征主义风格的游吟诗人。象征主义的花园中，在一个承水盘旁边，一位游吟诗人弹着鲁特琴带领一群年轻漂亮的姑娘唱歌。这幅画由约翰·威廉·沃特豪斯创作，是薄伽丘的《十日谈》中的插图。来源：阳光港，利弗夫人美术馆。

的作品发生了改变，尤其是开始通过新的文学体裁表现，比如小说《弗拉芒卡》（*Flamenca*），它创作于13世纪下半叶的鲁埃格地区，作者是罗克弗伊的领主的亲信。故事讲述的是一位领主被年轻的妻子和情人愚弄的故事。该时期还出现了许多游吟诗人的传记——《生平》（*Vidas*），它们将这些文学英雄塑造成了社会英雄，此外还有一些 razos* 用来补充《生平》，它们将游吟诗人的经历同他们歌颂"精致之爱"的作品联系起来。

同样地，如果说游吟诗人的社会地位自从一开始就非常多样化，他们中有许多大领主、中小贵族、中产市民和平民，他们都主要为贵族的道德标准服务，而自13世纪起，非贵族的游吟诗人数量增多了，但他们的作品通常还是打着宫廷的烙印。

人们认定吉罗·里基耶（约1230—约1295）是"最后一位游吟诗人"。他生于纳博讷，出身卑微，曾同时效劳于纳博讷子爵、法兰西国王或卡斯蒂利亚国王。

---

* 13世纪用奥克语写成的散文体短篇传记，主要通过游吟诗人的生活经历来解释他们的诗歌，是游吟诗人传记的补充。

现代版的奥克语游吟诗人。该图是图卢兹摇滚乐队"传奇游吟诗人"的一张唱片的封套图片，该乐队重拾了中世纪奥克语游吟诗人的形象。

不管怎样，他是最后一位歌颂"精致之爱"的大诗人。最后的革新出现在13世纪末，此时的游吟诗人越来越热衷于歌咏一位杰出的女性——圣母玛利亚，世人对她的崇拜因此达到狂热的地步。

比起中世纪意象世界中的其他英雄，游吟诗人可能更直接地变成了文化英雄，尤其是在法国浪漫主义时期。此外，地区认同感与方言的复兴也使得游吟诗人在奥克语的复兴中重生。加斯东·帕里斯在1883年有关克雷蒂安·德·特鲁瓦的一篇文章中第一次使用"宫廷爱情"一词，自1851年起，"游吟诗人风格"开始指代建筑领域中的一种仿哥特式风格，而文学史家从1876年开始讨论"游吟诗人体"。

在今天，作为英雄的游吟诗人仍然是欧洲意象世界的重要组成部分，在奥克语地区的文化记忆中，更是以一种卓绝的方式出现。游吟诗人还被改变成当代文化中最现代、最流行的形式。他们既属于广告的世界，也进入到年轻人的流行音乐中。图卢兹的一个摇滚乐队的名字——"传奇游吟诗人"（Fabulous Trobadors）就是证据。

左图：后瓦格纳时期的瓦尔基里。在日耳曼的神话中，她是引领在战斗中牺牲的战士们的亡魂前往天堂瓦尔哈拉的女战神，瓦格纳使其重生并流行起来。费迪南德·利克约1895年的这幅版画表现的是日耳曼主神沃坦向布伦希尔德诀别的情景。

右图：歌剧院中的瓦尔基里。该图是根据瓦格纳的作品的一次表演所作，现存歌剧院博物馆的图书馆中。这是一位呈现出"美好年代"的风格的女战神。

瓦尔基里

La Walkyrie

瓦尔基里一词来源于两个古诺尔斯语词——『陨落』和『拣选』。在最早的斯堪的纳维亚神话中，瓦尔基里似乎是死者的魂灵，或护送死者进入阴间的魂灵。

瓦尔基里：诗歌与音乐。该图是瓦格纳的《瓦尔基里》在歌剧院的一次演出时的海报，以戏剧性的色彩描绘了身处地狱之火中的瓦尔基里。

在维京时代，她们似乎被塑造成了女战士，是斯堪的纳维亚人主神奥丁的女儿。这群少女的任务是引领在战场上光荣牺牲的英雄亡魂前往斯堪的纳维亚人的最早的天堂——瓦尔哈拉。在12世纪末的日耳曼叙事诗《尼伯龙根之歌》(*Nibelungenlied*)和一些韵文或散文作品中，人们发现了瓦尔基里们的身影，这些作品记载了先前口头传播的传说和诗歌，其中主要作品是诗体《埃达》(*Edda*)，这是一部有关诸神和英雄的诗歌，成书于9到12世纪，包含在13世纪末期的一份冰岛语手稿中；还有冰岛诗人斯诺里·斯蒂德吕松（1179—1241）的散文《埃达》，以及《沃尔松格萨迦》(*Völsungasaga*)，该书将沃尔松格的后裔、齐格弗里德的祖先与日耳曼神话中的主神奥丁联系在一起。

电影中的瓦尔基里。在弗里茨·朗前期的默片生涯中，他于1924年以古老的日耳曼叙事诗《尼伯龙根之歌》为主题拍摄了一部著名的电影。女演员汉娜·拉尔夫饰演布伦希尔德一角，该图表现了这位原始女战士手持弓箭的形象。

除了凯尔特意象世界，斯堪的纳维亚与日耳曼意象世界在遗留给欧洲的中世纪意象世界中也占据重要地位。瓦尔基里作为虚构的女英雄出现在本书中，就是因为她是这一重要地位的象征。此外，瓦尔基里还体现了在特里斯坦和伊索尔德之后，19世纪的理查德·瓦格纳的作品在传承中世纪意象世界的故事方面所发挥的重要作用。

瓦尔基里通常由9位或12位少女组成。瓦尔基里是中世纪日耳曼叙事诗中的女英雄，自12世纪末期起，她在叙事诗《尼伯龙根之歌》中以布伦希尔德的角色出现。布伦希尔德不服从奥丁的命令，后者催眠了她，并剥夺了她瓦尔基里的身份，以示惩戒。从此以后，她只是一位终将会死去的普通人，而且将会嫁给唤醒她的人，但是她发誓只会嫁给不知畏惧的男人。布伦希尔德最后被国王齐格弗里德唤醒，他们交换了结婚誓言，但是并未结婚。布伦希尔德嫁给了一位尼伯龙根国王——贡纳德，或巩特尔，而齐格弗里德则娶了贡纳德的妹妹谷德伦（或克瑞姆希尔德）。布伦希尔德因嫉妒和受辱，要求贡纳德杀死齐格弗里德，而第三位尼伯龙根王古特鲁姆趁齐格弗里德熟睡时将其杀死。布伦希尔德无比悲伤，跑到火葬的柴堆上与齐格弗里德的尸体一同被火化。

瓦尔基里的传说是骑士精神背景下人神结合的诠释。已成凡人的瓦尔基里也无法抹杀她超自然的出身。这位女英雄体现了战争暴力以及抗击妖怪在中世纪意象世界中的重要性。此外，她还是一位与死亡紧密相连的女性。

瓦尔基里原来的使命是引领战争英雄前往天堂，最后却将他们领到了爱情之中，而最终的结果便是死亡。在瓦格纳的歌剧中，身为瓦尔基里的布伦希尔德成了主神奥丁（在日耳曼神话中被称为"沃坦"）最喜爱的女儿，也是他的知心人，而她有八个姐妹。瓦格纳随后演绎了布伦希尔德为保护国王沃尔松格的儿子、奥丁的曾孙——西格蒙德而反抗父亲的情节。成为凡人的布伦希尔德决意追随她的丈夫齐格弗里德而去，不过也一把火烧掉了瓦尔哈拉这个传统的神界。诸神的黄昏明显能够让我们联想到13世纪的《亚瑟王之死》中亚瑟以及圆桌骑士团的黄昏。中世纪意象世界虽然最终被置于死亡的标记之下，但是也具有新生的潜力，体现在神界与人间的联系与变形之上。

包括瓦尔基里在内的这群半神、半人的英雄在20世纪的电影行业中复兴，比如弗里茨·朗的《尼伯龙根》(*Les Nibelungen*)系列电影。

注 释

引 言

1. Évelyne Patlagean, «L'histoire de l'imaginaire», dans Jacques Le Goff, dir., *La Nouvelle Histoire*,Bruxelles, Complexe, 1988, p.307.

2. Jacques Le Goff, *L'Imaginaire médiéval*, Paris,Gallimard, 1985.

3. Sur les images et l'historien, voir Jean-Claude Schmitt, article «Images», dans Jacques Le Goff et Jean-Claude Schmitt, dir., *Dictionnaire raisonné de l'Occident médiéval*, Paris, Fayard, 1999, p. 497-511 ; Jérôme Baschet et Jean-Claude Schmitt, dir., *L'Image. Fonctions et usages des images dans l'Occident médiéval, Cahiers du Léopard d'or*, n° 5, Paris, Le Léopard d'or, 1996; Jacques Le Goff, *Un Moyen Âge en images*, Paris, Hazan,2000; Jean Wirth, *L'Image médiévale. Naissance et développement (XIe-XVe siècle)*, Paris, Klincksieck,1989. Sur le symbolique, voir le superbe ouvrage récent de Michel Pastoureau, *Une histoire symbolique du Moyen Âge occidental*, Paris, Seuil, 2003.

4. Jean-Claude Schmitt, article «Images», dans Jacques Le Goff et Jean-Claude Schmitt, dir., *Dictionnaire raisonné de l'Occident médiéval, op. cit.*, p. 499.

5. Jacques Le Goff, *Héros du Moyen Âge: le saint et le roi*, Paris, Gallimard, «Quarto», 2004.

6. Robert Delort, article «Animaux» dans Jacques Le Goff et Jean-Claude Schmitt, dir., *Dictionnaire raisonné de l'Occident médiéval, op. cit.*, p.55-66.

7. Claude Lecouteux, *Les Monstres dans la pensée médiévale européenne*, Paris, Presses de l'université de Paris-Sorbonne, 1993; J. B. Friedman, *The Monstrous Races in Mediaeval Art and Thought*,Cambridge (Mass.)/Londres, 1981; Umberto Eco prépare un ouvrage sur les monstres médiévaux.

8. «De l'étranger à létrange ou la «conjointure de la Merveille»», *Senesciences*, n°25, 1988;*Démons et Merveilles du Moyen Âge* (colloque de Nice, 1987), Nice, Faculté des lettres et sciences humaines, 1990; Gervais de Tilbury, *Le Livre des merveilles*, traduit et commenté par Annie Duchesne, Paris, Les Belles Lettres, 1992; Claude-Claire Kappler, *Monstres, démons et merveilles à la fin du Moyen Âge*, Paris, 1980^1, 1999^2, Paris, Les Belles Lettres; Claude

Lecouteux,«Paganisme, christianisme et merveilleux»,dans *Annales ESC*, 1982, p. 700-716; Jacques Le Goff, article «Merveilleux», dans Jacques Le Goff et Jean-Claude Schmitt, dir., *Dictionnaire raisonné de l'Occident médiéval, op. cit.*, p. 709-724; Michel Meslin, éd., *Le Merveilleux, l'Imaginaire et les Croyances en Occident*, Paris, Bordas, 1984; Jacques Le Goff, «Le merveilleux dans l'Occident médiéval», dans *L'Imaginaire médiéval, op. cit.*, p. 17-39; Daniel Poirion, *Le Merveilleux dans la littérature française au Moyen Âge*, Paris, PUF, «Que sais-je?», 1982; Francis Dubost, article «Merveilleux» dans Cl. Gauvard, A. de Libera, M. Zink, *Dictionnaire du Moyen Âge*, Paris, PUF, 2002, p. 906-910.

9. R. Wittkover, «Marvels of the East. A study in the History of Monsters», *Journal of the Warburg and Courtauld Institutes*, V, 1942, p. 159-197; Lev Nikolaevich Gumilev, *Searches for an Imaginary Kingdom. The Legend of the Kingdom of Pfister John*, Londres, Cambridge University Press, 1987; C. Julius Solinus, *Collectanea rerum memorabilium*, Berlin, Mommsen, 1895[2]; M. R. James, *Marvels of the East. A Full Reproduction of the Three Know Copies*, Oxford,1929; Marco Polo, *La Description du monde (Le Livre des merveilles)*, édition, traduction et présentation par Pierre-Yves Badel, Paris, Lettres gothiques, 1998; Pierre d'Ailly, *Imago mundi*, Paris, E. Buron, 1930 (chapitre *De mirabilibus Indiae*, p.264 sq.); *Lettra del Prete Gianni*, a cura di Gioia Zaganelli, Parme, 1990; Gioia Zaganelli, *L'Oriente incognito medievale*, Saveria Manelli, 1997; Jacques Le Goff, «L'Occident médiéval et l'océan Indien: un horizon onirique», dans *Pour un autre Moyen Âge*, Paris,Gallimard, 1977, p.280-306.

10. Le moment des XIIe-XIIIe siècles. *Cf.* Jacques Le Goff, «Naissance du roman historique du XIIe siècle?», dans *Le Roman historique, Nouvelle revue Française*, n°238 (numéro spécial), octobre 1972; Jacques Le Goff, «Du ciel sur la terre: la mutation des valeurs du XIIe au XIIIe siècle dans l'Occident chrétien», dans *Héros du Moyen Âge, lesaint et le roi, op. cit.*, p. 1263-1287.

11. Paris, Seuil, 2003.

12. La postérité du Moyen Âge. Christian Amalvi, article «Moyen Âge», dans Jacques Le Goff et Jean-Claude Schmitt, dir., *Dictionnaire raisonné de l'Occident médiéval, op. cit.*,p.790-805; Christian Amalvi, *Le Goût du Moyen Âge*, Paris, Plon, 1996; Vittore Branca, éd., *Concetto, storia, miti e immagiti del medioevo*, Florence, Sansoni, 1973; Umberto Eco, «Dieci modi di ignare il medioevo», dans *Sugli speccbi e altri saggi*, Milan, Bompiani, 1985, p. 78-89; Horst Fuhrmann, *Überall ist Mittelalter. Von der Gegenwart einer vergangenen Zeit*, Munich, Beck,1996; Jacques Le Goff et Guy Lobrichon, dir., *Le Moyen Âge aujourd'hui. Trois regards contemporains sur le Moyen Âge: histoire, théologie, cinéma*(colloque de Cerisy-la-Salle, juillet 1991), Paris,*Cahiers du Léopard d'or*, 1998; Alain Boureau, article «Moyen Âge», dans Cl.

Gauvard, A. De Libera, M. Zink, *Dictionnaire du Moyen Âge, op. cit.*, p.950-955.

13. Le Moyen Âge et le cinéma. *Cf.* Stuart Airlie, «Strange Eventful Histories: The Middle Ages in the Cinema», dans Peter Linehan et Janet L. Nelson, dir., *The Medieval World*, Londres-New York, Routledge, 2001, p. 163-183; François de la Bretèque, «Le regard du cinéma sur le Moyen Âge», dans Jacques Le Goff et Guy Lobrichon, éd., *Le Moyen Âge aujourd'hui, op. cit.*,1998, p. 283-326; *Le Moyen Âge au cinéma, Cahiers de la Cinémathèque*, n°42-43 (numéro spécial), 1985. *Le Moyen Âge vu par le cinéma européen,Les Cahiers de Conques*, n°3, avril 2001.

14. 邮票也是传统意象世界表达形式的现代载体。

亚瑟

1. Cedric E. Pickford, «Camelot», dans *Mélanges de langue et de littérature médiévales offerts à Pierre Le Gentil*, Paris, SEDES, 1973, p. 633-640.

2. 意大利重要的通俗文学与民俗史学家 Arturo Graf（1848—1913）曾写过一篇《亚瑟在埃特纳火山》的优秀文章，载于 *Miti, leggende e superstizioni del medioevo* (2 vol.), Turin, Chantiore, 1892-1893. Une nouvelle édition a récemment paru chez Bruno Mondadori, t. I, Milan, 2002, p.375, 392.

主教座堂

1. 参见在法兰西学院的就职演讲。

2. J. S. Ackerman, «Ars sine scientia nihil est. Gothic Theory of Architecture at the Cathedral of Milan», dans *Art Bulletin*, 31, 1949.

查理曼

1. 夏多布里昂被端坐的皇帝尸体所传达出的浪漫主义形象所打动，他在 *Mémoires d'outre-tombe* (édition de Maurice Levaillant, 1948, t.I, p.316-317) 中重新对此事做了描述。他将发掘出这具坐在王座上的遗体的时间虚设在约 1450 年。

2. Traduction de Robert Folz, voir Marcel Pacaut, *Frédéric Barberousse*, Paris, Fayard, 1990^2, p. 159-160.

3. 不过还是要提一下 Jean-François Delassus 的电影 *Au temps de Charlemagne* (Point du Jour pour Arte, 2003)，雅克·勒高夫担任该片历史顾问。导演力求使加洛林文明和查理曼重回世界文明历史之林。

防御城堡

1. Jean-Marie Pesez, voir bibliographie.

2. Pierre Bonnassie, article «Château», dans *50 Mots clés de l'histoire médiévale*, Toulouse, Privat, 1981, p.42.

3. 前置低墙是建在城堡主防御围墙前的较为厚实的建筑物，可增强城堡防御性。

4. Jean-Marie Pesez.

5. Jean-Paul Schneider, «Un colosse au pied d'argile: le château vu par les dictionnaires du XVIIIe siècle», dans F. X. Cuche, dir., *La Vie de château*, Presses Universitaires de Strasbourg, 1998, p.33-43.

6. Voir Roland Recht, *Le Rbin*, Paris, Gallimard, 2001, p. 264.

7. 15世纪阿维拉的特蕾莎曾用该隐喻代指精神生活。

骑士与骑士制度

1. Pierre Bonnassie, *50 Mots clés de l'histoire médiévale, op. cit.*, p.43-44.

2. *Chevaliers et Miracles. La violence et le sacré dans la société féodale*, Paris, Armand Colin, 2004.

3. *Le Séminaire, livre xx, Encore*, Paris, Seuil, 1975, p. 79.

4. Jean Flori, voir bibliographie.

5. *Tirant le Blanc*, traduit du catalan par Jean-Marie Barberà, Toulouse, Anacharcis, 2003, p.7-8.

安乐乡

1. *Journal d'un bourgeois de Paris*, édité et présenté par Colette Beaune, Paris, Le Livre de poche, «Lettres gothiques», 1990, p.221-222. La toise valait 1,949 m. 该游戏被视作一项新的发明，但那时还不叫安乐乡。

独角兽

1. 在此我要感谢 Françoise Piponnier 同我交流有关独角兽的角的粉末的文章，这些文章由 Gay et Stern 出版在 *Glossaire archéologique* 一书中，见参考文献。

梅绿丝娜

1. Éditions successives augmentées en 1945, 1947, 1971, 1975 dans «10/18» et 1992 dans le «Livre de poche Biblio». Voir Pierre Brunel, «Mélusine dans Arcane 17 d'André Breton», dans Jeanne-Marie Boivin et Proinsias MacCana, *Mélusines continentales et insulaires*, Paris,

Honoré Champion, 1999, p.327-342.

2. Voir le bel article d'Anita Guerreau-Jalabert, «Des fées et des diables. Observations sur le sens des récits «mélusiniens» au Moyen Âge», dans *Mélusines continentales et insulaires, op. cit.*, p.105-137.

埃勒坎家从

1. 学者们认为该名字起源于日耳曼语，一方面来源于军队（Heer）一词，另一方面来源于自由民的组织（Thing），只有他们能够携带武器。

2. Je me permets de renvoyer à mes études, *La Naissance du purgatoire*, Paris, Gallimard, 1981, et *La Bourse et la Vie, économie et religion*, Paris, Hachette-Littératures, 1986.

3. Je suis dans ces récits les résumés de Jean-Claude Schmitt dans son livre *Les Revenants. Les vivants et les morts dans la société médiévale*, Paris, Gallimard, 1994.

4. Margaret Bent et Andrew Wathey, éd., *Fauvel Studies*, Oxford, Clarendon Press, 1998.

列那狐

1. Marcel Détienne et Jean-Pierre Vernant, *Les Ruses de l'intelligence. La métis des Grecs*, Paris, Gallimard, 1974. Voir Jacques Le Goff, «Renart et la *métis* médiévale», dans Claude Rivals, dir., *Le Rire de Goupil. Renard, prince de l'entre-deux*, Toulouse, Le Tournefeuille, 1998, p. 95-103.

2. On trouvera le texte de Buffon dans l'ouvrage dirigé par Claude Rivals, *Le Rire de Goupil, op. cit.*, p.185-189.

3. Reineke-Fuchs-Museum, Dresdener Strasse 22, 35440 Linden-Leihgestern, Allemagne.

4. Voir Marcelle Enderle, «Le renard des albums pour enfants», dans Claude Rivals, dir., *Le Rire de Goupil, op. cit.*, p.319-326.

5. François de la Bretèque, «Renart au cinéma, un rendez-vous manqué», dans Claude Rivals, dir., *Le Rire de Goupil, op. cit.*, p.327-335. 我不同意杰出的电影历史学家François de la Brtèque的否定评价，列那狐在电影中完全发生了改变，但是也得以强势回归。

罗宾汉

1. Langland 写道："我熟悉有关罗宾汉和切斯特伯爵伦道夫的歌谣。" *Pierre le Laboureur*, traduction de Aude Mairey, préface de Jean-Philippe Genet, Paris, Publications de la Sorbonne, 1999, p. 84-85. 切斯特伯爵（1172—1232）是历史人物，也是一位反抗苛税的平民英雄。Voir R. H. Hilton, éd., Peasants, *Knight and Heretics*, Londres, Cambridge University Press, 1976.

2. Voir Michel Pastoureau, «Ivanhoé, un Moyen Âge exemplaire», dans *Le Moyen Âge à livres ouverts* (colloque de Lyon 2002), Paris, FFCB,2003, p. 15-24, repris dans «Le Moyen Age d'Ivanhoé, un best-seller à l'époque romantique», dans *Une histoire symbolique du Moyen Age occidental*,Paris, Seuil, 2004, p.327-338.

3. Walter Scott, *Ivanboé*, version française pour la jeunesse, Paris, Le Livre de poche, 2002, p.285.

4. 2004 年，该影片与动画电影 *Rabbit Hood* 同步发行 DVD，后者的主人公是罗宾汉的追随者——兔八哥。

罗 兰

1.Jean Dufournet, voir bibliographie.

2. *Id.*

特里斯坦和伊索尔德

1. 兰斯洛特和圭尼维尔可能比特里斯坦和伊索尔德更能代表宫廷爱情，后者的主导力量是必然的爱情悲剧，而宫廷爱情的精髓则是"精致之爱"（fin'amor）和欢愉（joy）。Voir Danielle Régnier-Bohler, article «Amour courtois», dans Jacques Le Goff et Jean-Claude Schmitt, dir., *Dictionnaire raisonné de l'Occident médiéval, op. cit.*, p.32-41.

参考文献

引 言

On trouvera des textes intéressants-du Moyen Âge à nos jours-mettant en évidence la diffusion européenne de thèmes littéraires dont certains de ceux traités ici dans le remarquable ouvrage de:

JONIN, Pierre, *L'Europe en vers au Moyen Âge. Essai de thématique*, Paris, Honoré Champion, 1996 : chevalerie, p. 351-369; jongleur, p. 529-540; merveille, p. 582-593.

LE GOFF, Jacques, *L'immaginario medievale, in Lo spazo letterario del Medioevo,* 1. *Il Medioevo latino*,dir. G. Cavallo, Cl. Leonardi, E. Menesco, vol. IV, *L'attualizzazione del testo*, Rome, Salerno ed., 1997, p.9-42.

亚 瑟

Arthurus rex, Acta conventus Lovaniensis, éd. W. Van Hoecke, G. Tourny, W. Verbeke, Louvain, 1991.

Arthurus rex, Koning Arthur en Nederlanden, *La Matière de Bretagne et les anciens Pays-Bas*, catalogue d'exposition, Louvain, 1987.

La Légende arthurienne. Le Graal et la Table ronde, édition avec une préface de Danielle Régnier-Bohler, Paris, Robert Laffont, «Bouquins», 1989

BARBER, Richard, *King Arthur. Hero and Legend*, Woodbridge, Routledge, 1993.

BOUTET, Dominique, *Charlemagne et Arthur, ou le Roi imaginaire*, Paris, Boutet, 1992.

BRYANT, Nigel, *The Legend of the Grail*, Woodbridge, Routledge, 2004.

CARDINI, Franco, *Il Santo Graal* (dossier Giunti), Florence, Giunti, 1997.

CASTELNUOVO, Enrico, dir., *Le stanze di Artu. Gli affreschi di frugarolo e l'immaginario cavalleresco nell'autunno del Medioevo*, Milan, Electa, 1999.

CHAUOU, A., *L'Idéologie Plantagenêt. Royauté arthurienne et monarchie politique dans l'espace Plantagenêt (XIIe-XIIIe siècles)*, Rennes, PUR, 2001.

FARAL, Edmond, *La Légende arthurienne* (3 vol.), Paris, Honoré Champion, 1929.

GARDNER, E. G., *The Arthurian Legend in Italian Literature,* Londres, JM Dent, 1930.

GEOFFROY DE MONMOUTH, *Histoire des rois de Bretagne*, traduit et commenté par Laurence Mathey-Maille, Paris, Les Belles Lettres, 1992.

LOOMIS, R. S., *Arthurian Literature in the Middle Ages*, Oxford, Clarendon Press, 1959.

LOOMIS, R. S. et L. H., *Artburian Legends in Medieval Art*, New York, Modern Language Association of America, 1938.

MARINO, John B., *The Grail Legend in Modern Literature*, Woodbridge, Routledge, 2004.

MARKALE, Jean, *Le Roi Artbur et la société celtique*, Paris, Payot, 1976.

STÖRMER, W., «König Artus als aristokratisches Leitbid während des späten Mittelalters», *Zeitschrift für bayerische Landesgeschichte*, 35, 1972, p. 946-971.

SUARD, François, article «Arthur», dans A. VAUCHEZ, dir., *Dictionnaire encyclopédique du Moyen Âge,* Paris, Cerf, 1997,t.I, p.128-130.

WHITAKER, M., *The Legend of King Arthur in Art*, Londres, Cambridge University Press, 1990.

主教座堂

Les Bâtisseurs de cathédrales, numéro spécial de L'Histoire, décembre 2000.

«La cathédrale, XIIe-XIVe siècle», *Cahiers de Fanjeaux*, n°30, 1995.

Les Catbédrales de l'ouest de la France, numéro spécial de 303. *Arts, recherches et créations*, région des pays de la Loire, n°70, Nantes, 3e trimestre 2001.

Toutes les cathédrales de France, numéro spécial de *Notre histoire*, juillet-août 1996.

vingt siècles en cathédrales (sous le patronage de Jacques Le Goff), sous la direction de Catherine Arminjon et Denis Lavalle (à l'occasion de l'exposition de Reims, 2001), Paris, Monum, Éditions du Patrimoine, 2001.

New Bulletin of the European Cathedral Association,revue spécialisée, n°1, Milan, 1988.

Lumière gothique, t. I. Cathédrales de France; t. II. Cathédrales d'Europe, CD-Rom, 1996.

Le Temps des cathédrales, série télévisée, dirigée par Georges Duby.

CLARK, Kenneth, *The Gothic Revival. A Study in the History of Taste*, Londres, 1928.

DUBY, Georges, *Le Temps des cathédrales. L'art et la société 980-1420*, Paris, Gallimard, 1976; repris dans DUBY, Georges, *L'Art et la Société.Moyen Âge-XXe siècle*, Paris, Gallimard, «Quarto»,2002, p.453-1011.

—, «Cathédrale», *Géo*, n°151, 1991, repris dans *Le Temps des cathédrales, op. cit.*, p.1101-1106.

COLOMBIER, Pierre (du), *Les Chantiers des cathédrales*, Paris, Picard, 1973.

ERLANDE- BRANDENBURG, Alain, article «Cathédrale»,dans Jacques Le Goff et Jean-Claude Schmitt, dir., *Dictionnaire raisonné de l'Occident médiéval*, Paris, Fayard, 1999, p.136-148.

—, *Quand les cathédrales étaient peintes*, Paris,Seuil, 1993.

—, *Notre-Dame de Paris*, Paris, La Martinière, 1991.

—, *La Cathédrale*, Paris, Fayard, 1989.

GUÉNET, François et KINER, Aline, *La Cathédrale livre de pierre*, Paris, Presses de la Renaissance, 2004.

GY, Pierre-Marie, o. p., «Ecclésiologie de la cathédrale», dans les actes du congrès international *IX⁰ Centenário de Dedicaçao da Sé de Braga*, Braga,Universidade Católica Portuguesa, 1990, p.63-71.

KRAUS, Henry, *À prix d'or: le financement des Cathédrales*, Paris, Cerf, 1991 (traduction de *Gold was the Mortar. The Economics of Cathedral Building*, Londres, Routledge, 1979).

ROLAND, Recht, *Le Croire et le Voir. L'art des cathédrales (XIIe-XVe siècles)*, Paris, Gallimard, 1999.

SAUERLÄNDER, Willibald, «La cathédrale et la révolution», dans *L'Art et les révolutions*, congrès de Strasbourg, 1990, p. 67-106.

VAUCHEZ, André, «La cathédrale», dans Pierre NORA, éd., *Les Lieux de mémoire*, III. Les Francs, 2. Traditions, Paris, Gallimard, 1992, p. 91-127.

查理曼

Charlemagne et l'épopée romane, actes du VIIe congrès international de la Société Rencesvalles, Paris, Les Belles Lettres, 1978.

Charlemagne, père de l'Europe?, Histoire médiévale, n°53 (numéro spécial), mai 2004.

Dalla storia al mito: la leggenda di Carlo Magno.Numéro spécial de Medioevo, n°11 (70), novembre 2002.

La Saga de Charlemagne, traduction française des dix branches de la *Karlamagnús saga* norroise, par David W. Lacroix, Paris, Le Livre de Poche, 2000.

BARBERO, Alessandro, *Carlo Magno. Un padre dell'Europa*, Rome-Bari, Laterza, 2000 (trad. française: *Charlemagne, un père pour l'Europe*, Paris, Payot, 2004).

BATHIAS-RASCALOU, Céline, *Charlemagne et l'Europe*, Paris, Vuibert, 2004.

BOUTET, Dominique, *Charlemagne et Artbur, ou le Roi imaginaire*, Paris, Honoré Champion, 1992.

BRAUNFELS, Wolfgang, dir., *Charlemagne. Œuvre, rayonnement et survivances*, catalogue d' exposition, Aix-la-Chapelle, Stadtverwaltung, 1965.

—, dir., *Karl der Grosse, Lebenswerk und Nachleben*(5 vol.), Düsseldorf, L. Schwann, 1965-1968.

EGINHARD, *Vita Karoli* (Vie de Charles), texte latin et trad. française de L. Halphen, Paris, Les Belles Lettres, 1938, 6ᵉ édition, 1994. On consultera la traduction italienne: Eginardo, *Vita di Carlo Magno*, Rome, Salerno ed., 1980, pour l'introduction de Claudio Leonardi, p.7-8.

FALKENSTEIN, L., «Charlemagne et Aix-la-Chapelle», *Byzantion* n°61, 1991, p.231-289.

FAVIER, Jean, *Charlemagne*, Paris, Fayard, 1999.

FOLZ, Robert, *Le Couronnement impérial de Charlemagne*, Paris, Gallimard, 1964.

—, *Le Souvenir et la Légende de Charlemagne dans l'Empire germanique médiéval*, Paris, Les Belles Lettres, 1950.

GRABOÏS, Arieh, «Un mythe fondamental de l'histoire de France au Moyen Âge: le «roi David», précurseur du «roi très chrétien», *Revue historique*, 287, 1992, p.11-31.

MORRISSEY, Robert, *L'Empereur à la barbe fleurie.Charlemagne dans la mythologie et l'histoire de France*, Paris, Gallimard, 1997.

PARIS, Gaston, *Histoire poétique de Charlemagne*, Paris, 1865. Rééd. 1905, Genève, Slatkine Reprints, 1974.

RATKOWITSCH, Christine, *Karolus Magnus-alter Ænea, alter Martinus, alter Iustinus. Zu Intention und Datierung des «Aachener Karlsepos»*, Vienne, Osterreichische Akademic der Wissenschaften,1997.

防御城堡

ALCOY, Rose, article «Château», dans X. BARRAL I ALTET, dir., *Dictionnaire critique d'iconographie occidentale*, Rennes, PUR, 2003, p. 185-188.

BONNASSIE, Pierre, article «Château», dans 50 Mots clefs de l'histoire médiévale, Toulouse, Privat, 1981, p.39-43.

BOÜARD, Michel de, *Manuel d'archéologie médiévale.De la fouille à l'histoire*, Paris, Société d'édition d'enseignement supérieur, 1975, p. 76-132. Les constructions militaires.

BROWN, R. Allen, Englisb Castles, nᴵᴵᵉ éd.,Londres, Boydell & Brewer, 2004.

BUR, M., *Le Château* (Typologie des sources du Moyen Âge occidental, 79), Turnhout, Brépols,1999.

—, article «Château», dans Cl. GAUVARD,A. DE LIBERA, M. ZINK, dir., *Dictionnaire du Moyen Âge*, Paris, PUF, 2002, p.274-276. .

CACIAGLI, Giuseppe, *Il castello in Italia*, Florence,Giorgio Gambi, 1979.

CHAPELOT, Jean, *Le Château de Vincennes. Une résidence royale au Moyen Âge*, Paris, CNRS Éditions, 1994.

CUCHE, François-Xavier, *La Vie de château.Architecture, fonctions et représentations des Châteaux et des palais du Moyen Âge à nos jours* (actes du colloque de Strasbourg, 1996), Presses Universitaires de Strasbourg, 1998.

FINÓ, José Federigo, *Forteresses de la France médiévale* (1960), trad. française, Paris, Picard, 1977.

FOURNIER, Gabriel, *Le Château dans la France médiévale. Essai de sociologie monumentale*, Paris, Aubier, 1978.

GARDELLES, J., *Le Château expression du monde féodal*, t. IV de *Châteaux et Guerriers de France au Moyen Âge*, Strasbourg, E. Publitoral, 1980.

GIEYSZTOR, Aleksander, dir., *Zamek Królewski w Warszawie* (Le château royal de Varsovie), Varsovie, PWN, 1973.

HUBERT, J. et M.-Cl., *Le Château fort*, Paris, La Documentation photographique, 1965, n°s 5-263.

LAURENT-SALCH, Charles, dir., *L'Atlas des Châteaux forts*, Centre d'études des châteaux forts de l'université de Strasbourg, Publitotal, 1977 (4969 châteaux toujours existants et 4788 repérables).

LICINIO, R., *Castelli medievali. Puglia e basilica dai normanni a Federico II e Carlo I d'Angio*, Bari, 1994.

MERTEN, Klaus, éd., *Burgen und Schlösser in Deutschland*, Munich, Paolo Marton, 1995.

MESQUI, J., *Châteaux et Enceintes de la France médiévale. De la défense à la résidence* (2 vol.), Paris, Picard, 1991-1993.

PERDRIZET, Marie-Pierre, *Le Moyen Âge au temps des chevaliers et des Châteaux forts*, Paris, Nouvelle Encyclopédie Nathan, 1985.

PESEZ, Jean-Marie, article «Château», dans J. LE GOFF et J.-C. SCHMITT, *Dictionnaire raisonné de l'Occident médiéval*, Paris, Fayard, 1999, p.179-198

POISSON, Jean-Michel, dir., *Le Château médiéval, forteresse habitée (XIe-XVIe siècle)*, Paris, Maison dessciences de l'homme, 1992.

RAPP, Francis, *Le Château fort dans la vie médiévale. Le Château fort et la politique territoriale*, Strasbourg, Chantier d'Études médiévales, 1968.

ROCOLLE, Pierre, *Le Temps des Châteaux forts. X^e-XVe siècle*, Paris, Armand Colin, 1994.

TUMMERS, Horst Johannes, *Rheinromantik. Romantik und Reisen am Rhein*, Cologne, Greven, 1968.

WHEATLEY, Abigail, *The Idea of the Castle in Medieval England*, Londres, York Medieval Press, 2004.

WILLEMSEN, C. A., *Castel del Monte. Die Krone des Apuliens*, Wiesbaden, Insel-Verlag, 1960.

骑士与骑士制度

ARNOLD, B., *German Knightbood*, 1050-1300,Oxford, Oxford University Press, 1985.

BARBER, Richard et BARKER, Juliet, *Tournament*, 1989; trad. française *Les Tournois*, avec une préface de Georges Duby, Compagnie 12, Paris, 1989.

BARTHÉLEMY, Dominique, «Modern Mythology of Medieval Chevalry», dans P. LINEHAN et J. NELSON, dir., *Medieval World*, Londres/NewYork, Routledge, 2001, p.214-228.

BORST, Arno, éd., *Das Rittertum im Mittelalter*, Darmstadt, Wissenschaftliche Buchgesellschaft, 1976.

FLORY, Jean, *Brève histoire de la chevalerie. De l'Histoire au mythe chevaleresque*, Éd. Fragile, 1999.

BUMKE, Joachim, *Studien zum Ritterbegriff im 12. Und 13. Jarhhundert*, Heidelberg, 1964.

CARDINI, Franco, «Le guerrier et le chevalier».dans J. LE GOFF, éd., *L'Homme médiéval*, Paris, Seuil, 1984, p.87-128.

CHÊNERIE, Marie-Luce, *Le Chevalier errant dans les romans arthuriens en vers des XIIe et XIIIe siècles*,Genève, Oroz, 1986.

CURTIUS, Ernest- Robert, «Das ritterliche Tugendsystem», dans Europäische *Literatur und lateinisches Mittelalter*, Bern, A. Francke, 1948; trad. française *La Littérature européenne et le Moyen Âge latin*, Paris, PUF, 1956, XVIII, «Le système des vertus chevaleresques», p. 628-650.

DEMURGER, Alain, *Chevaliers du Christ, Les ordres religieux militaires au Moyen Âge, XIe -XVIe siècle*, Paris, Seuil, 2002.

DE SMEDT, R., éd., *Les Chevaliers de l'ordre de la Toison d'or au XVe siècle, Notices bio-bibliograpbiques*, 2e éd., Francfort- sur-le-Main, Peter Lang, 2000.

DUBY, Georges, La *Société chevaleresque,* Paris,Flammarion, 1988 (repris dans Georges Duby, *Qu'est-ce que la société féodale ?*, Paris, Flammarion, 2002, p.1051-1205).

—, *Guillaume le Maréchal, le meilleur Chevalier du monde*, Paris, Fayard, 1984 (repris dans Georges DUBY, *Féodalité*, Paris, Gallimard; «Quarto», 1996, p.1051-1160).

FLECKENSTEIN, Josef, éd., *Das ritterliche Turnier in Mittelalter*, Göttingen, Van den Hoeck & Ruprecht, 1985.

FLORI, Jean, *L'Idéologie du glaive. Préhistoire de la chevalerie*, Genève, Droz, 1983.

—, article «Chevalerie», dans J. LE GOFF et J.-Cl. SCHMITT, éd., *Dictionnaire raisonné de l'Occident médiéval*, Paris, Fayard, 1999, p.199-213.

—, *La Chevalerie*, Paris, Jean-Paul Gisserot, 1998.

—, *Richard Cœur de Lion. Le roi-Chevalier*, Paris, Fayard, 1999.

FRAPPIER, Jean, *Amour courtois et Table Ronde*, Genève, Droz, 1973.

GIROUARD, M., *The Return to Camelot: Chivalry and the English Gentlemen*, New Haven/Londres, Yale University Press, 1981.

KEEN, M., *Chivalry*, New Haven, Yales University Press, 1984.

KÖHLER, Erich, *Ideal und Wirklichkeit in der höfischen Epik*, Tübingen, 1970 (trad. française:*L'Aventure chevaleresque. Idéal et réalité dans le roman courtois*, Paris, Gallimard, 1974, avec une préface de J. Le Goff).

LE RIDER, Paule, *Le Chevalier dans le* Conte du Graal *de Chrétien de Troyes*, Paris, SEDES, 1978.

MARCHELLO-NIZIA, Christiane, «Amour courtois, société masculine et figures du pouvoir», dans *Annales ESC*, 1981, p.969-982. Pour Lacan par rapport à l'homosexualité : «L'amour courtois est resté énigmatique» (*Le Séminaire, livre xx, Encore*, Paris, Seuil, 1975, p. 79).

PAINTER, Sidney, *French Chivalry*, Ithaca, Cornell University Press, 1957.

PARAVICINI, Werner, *Die ritterlich-höfische Kultur des Mittelalters*, Munich, Oldenbourg, 1994.

PERDRIZET, Marie-Pierre, *Le Moyen Âge au temps des chevaliers et des Châteaux forts*, Paris, Nouvelle Encyclopédie Nathan, 1985.

RABEYROUX, Anne, article «Chevalier», dans X. BARRAL I ALTET, dir., *Dictionnaire critique .d'iconographie occidentale*, Rennes, PUR, 2003, p.192-193.

—, *Richard Cœur de Lion. Histoire et légende*, Paris, UGE, «10/18», 1989.

ROUBAUD-BÉNICHOU, Sylvia, *Le Roman de chevalerie en Espagne. Entre Arthur et Don Quichotte*,Paris, Honoré Champion, 2000.

RUIZ-DOMÈNEC, José Enrique, *La caballería o la imagen cortesana del mundo*, Gênes, Università di Genova, 1984.

STANESCO, Michel, *Jeux d'errance du Chevalier médiéval, aspects ludiques de la fonction guerrière dans la littérature du Moyen Âge flamboyant*, Leiden, E.J. Brill, 1988.

VALE, M., *War and Chivalry*, Londres, 1981.

VERNIER, Richard, *The Flower of Chivalry Bertrand du Guesclin and the Hundred Years Old*, Londres, Boydell & Brewer, 2004.

熙 德
文 本

Cantar de mío Cid. Chanson de mon Cid. Texte et trad. française de Jules Horrent, 2 vol., Gand, Éditions scientifiques, 1982.

Chanson de mon Cid. Cantar de mío Cid. Éd. et trad. de Georges Martin, Paris, Aubier, 1996.

论 著
经典作品

MENÉNDEZ PIDAL, Ramón, *La España del Cid*, Madrid, Espasa-Calpe, 1929.

关于诗歌

LACARRA, María Eugenia, *El Poema de mío Cid: realidad histórica e ideología*, Madrid, Porrúa, 1980.

SMITH, Colin, *The Making of the «Poema de mío Cid»*, Cambridge, Cambridge University Press, 1983.

关于熙德的传说

EPALZA, M. DE, et GUELLOUZ, S., Le Cid, *personnage historique et littéraire*, Paris, Maisonneuve et Larose, 1983.

FLETCHER, Richard, *The Quest for El Cid*, Oxford, Oxford University Press, 1989.

熙德图像简述

AURELL, Martin, article «Cid (Le)», dans A. VAUCHEZ, dir., *Dictionnaire encyclopédique du Moyen Âge*, Paris, Cerf, 1997, t. I, p. 329.

MENJOT, Denis, article «Cid (Le)» dans CL. GAUVARD, A. DE LIBERA, M. ZINK, dir., *Dictionnaire du Moyen Âge*, Paris, PUF, 2002, p. 291.

回廊内院

BRAUNFELS, Wolfgang, *Abendländische Klosterbaukunst*, Cologne, DuMont, 1969.

CARRON-TOUCHARD, Jacqueline, *Cloîtres romans de France*, Zodiaque, 1983.

EVANS, Joan, *Monastic Life at Cluny. 910-1157*, Oxford, Oxford University Press, 1931.

GERHARDS, Agnès, article «Clôture», dans *Dictionnaire historique des ordres religieux*, Paris,Fayard, 1998, p. 160-162.

GOETZ, Hans-Werner, *Leben im Mittelalter vom 7.bis zum 13. Jahrhundert*, Munich, Beck, 1986. III. Kloster und Münschleben, p. 65-113.

JACOBSEN, Werner, *Der Klosterplan von St. Gallen und die karolingische Architektur*, Berlin, Deutscher Verlag Für Kunstwissenschaft, 1992.

KLEIN, Peter K., éd., *Der mittelalterliche Kreuzgang. The Medieval Cloisters. Le Cloître du Moyen Âge. Architektur, Funktion und Programm*, Ratisbonne, Schnell & Steiner, 2004.

LECLERCQ, Henri, article «Cloître», dans *Dictionnaire d'archéologie chrétienne et de liturgie*, 3, 2, 1914, Paris, Letouzey et Ané, tome 3, 2e partie,p.1991-2012.

LOPEZ, Élisabeth, article «Clôture», dans A. VAUCHEZ, dir., *Dictionnaire encyclopédique du Moyen Âge*, Paris, Cerf, 1997, t. I, p.346-347.

MALLET, Géraldine, article «Cloître», dans X. BARRAL I ALTET, *Dictionnaire critique d'iconographie occidentale*, Rennes, PUR, 2003, p. 210-212.

MICCOLI, Giovanni, «Les moines», dans J. LE GOFF, dir., *L'Homme médiéval*, Paris, Seuil, 1989, p.45-85.

MOULIN, Léo, *La Vie quotidienne des religieux au Moyen Âge. X^e-XVe s.*, Paris, Hachette, 1978.

PRESSOUYRE, Léon, «St. Bernard to St. Francis: Monastic Ideals and Iconographic Programs in the Cloister», *Gesta*, XII, 1973, p.71-92.

安乐乡
<u>关于安乐乡的法语韵文故事</u>

Le Fabllau de Cocagne, éd. Veikko Väänänen, *Neuphilologische Mitteilungen*, 48, Helsinki, 1947,p.3-36.

<u>其他语言的文本</u>

英语

The Land of Cokaygne, éd. Charles W. Dunn et Edward T. Byrnes, *Middle English Literature*, New York, Harcourt Brace Jovanovick, 1973, p.188-192.

PLEIT, Herman, *Dreaming of Cockaigne. Medieval Fantasies of the Perfect Life* (1re éd. en néerlandais, 1987), trad. anglaise, New York, Columbia University Press, 2001.

德语

Vom Schlaraffenland, éd. Moriz Haupt, et Heinrich Hoffmann, *Altdeutsche Blätter*,

Leipzig, Brockhaus, 1836, vol. I, p.163-170.

SACHS, Hans, *Das Schlaraffenland*, éd. Edmund Goetze et Carl Drescher, *Sämtliche Fabeln und Schwänke*, Halle, M. Niemeyer, 1893, vol.I, p. 8-11.

意大利语

BOCCACCIO, Giovanni, *Decameron*, Novella VII, 3.

CAMPOSESI, P., *Il piacevole viaggio di Cuccagna*, appendice à *Carnevale, Cuccagna e pinochi di villa*, p. 93-97 (voir *infra*), reproduit dans *Il paese della fame*, Bologne, Il Mulino, 1985², p.212-216.

研究综述

FRANCO JÚNIOR, Hilário, *Cocanba. A Historia de une pais imaginário*, en portugais, São Paulo,1998, trad. italienne *Nel paese di Cuccagna. La sociétá medievale tra il sogno e la vita quotidiana*, Rome, Volti della Storia, 2001. Avec une préface de Jacques Le Goff. La parution de la traduction française chez Tallandier est imminente.

论著

ACKERMANN, Elfriede, *Das Schlaraffenland in German Literature and Folksong. Social aspects of an Earthly Paradise*, Chicago, 1944.

BORGNET, G., «Le pays de Cocagne dans la littérature allemande, des origines à Hans Sachs»,dans Danielle BUSCHINGER, Wolfgang SPIEWOK,éd., *Gesellschaftsutopien im Mittelalter. Discours et Figures de l'utopie au Moyen Âge*, Greifswald, actes du Ve congrès annuel de la Société Reineke, 1994, p.15-27.

CAMPORESI, P., «Carnevale, Cuccagna e giuochi di villa», *Studi e problemi di critica testuale*, 10, 1975, p. 57-97.

COCCHIARA, Giuseppe, *Il mondo alla rovescia*, Turin, Boringhieri, 1963.

—, *Il paese di Cuccagna e altri studi di folklore*, Turin, Boringhieri, 1956¹, 1980².

DELPECH, F., «Aspects des pays de Cocagne, programmes pour une recherche», dans Jean LAFOND, Augustin REDENO, éd., *L'Image du monde renversé et ses représentations littéraires et paralittéraires de la fin du XVI^{e}s. au milieu du XVIIe*, Paris, Vrin, 1979, p.35-48.

DELUMEAU, J., *La Mort des pays de Cocagne*, Paris, Publications de la Sorbonne, 1976.

GRAF, A., «Il paese du Cuccagna e i paradisi artificiali», dans *Miti, leggende et superstizioni del Medioevo*, Milan, 1892-1893.

GRAUS, F., «Social utopias in the Middle Age», dans *Past and Present*, 38, 1967, p.3-19.

LE GOFF, Jacques, «L'utopie médiévale: le pays de Cocagne», *Revue européenne des sciences sociales*, 27, 1989 (*Lumières, utopies, révolutions. Hommage à Bronislav Baezko*), p. 271-286.

TROUSSON, R., *Voyages aux pays de nulle part. Histoire littéraire de la pensée utopique*, Bruxelles, Publication de l'Université, 1975. .

杂耍艺人

Le Moyen Âge entre ordre et désordre, catalogue de l'exposition de la Cité de la musique à la Villette, Paris, 2004 ; notamment Martine Clouzot, p.56-57.

BALDWIN, John W., «The Image of the Jongleur in northern France around 1200», *Speculum*, 72, 1997, p.635.

CASAGRANDE, Carla et VECCHIO, Silvana, «Clercs et jongleurs dans la société médiévale, XIIe-XIIIe siècle», *Annales ESC*, 1979, p. 913-928.

CHARLES-DOMINIQUE, Luc, «Du jongleur au ménétrier. Évolution du statut central des instrumentistes médiévaux», dans Ch. RAULT, dir., *Instruments à cordes du Moyen Âge*, Grâne, Créaphis, 1999, p.29-47.

CLOUZOT, Martine, «*Homo ludens-Homo viator*: le jongleur au cœur des échanges culturels au Moyen Âge», dans *Actes du XXXIIe congrès de la SHMESP*, Boulogne-sur-Mer, mai 2001.

CLOUZOT, Martine et MARCHESIN, Isabelle, *Le Jongleur au Moyen Âge*, Paris, Gallimard, «Le Temps des images», 2001.

FARAL, E., *Les Jongleurs en France au Moyen Âge*, Paris, Honoré Champion, 1910.

HARTUNG, W., *Die Spielleute. Eine Randgruppe in der Gesellschaft des Mittelalters*, Wiesbaden, 1982.

MARCHESIN, Isabelle, «Les jongleurs dans les psautiers du haut Moyen Âge : nouvelles hypothèses sur la symbolique de l'histoire médiévale», *Cabiers de civilisation médiévale*, avril-juin 1998, p.127-139.

RYCHNER, J., *La Chanson de geste. Essai sur l'art épique des jongleurs*, Genève, Droz, 1967.

STANESCO, Michel, article «Jongleur», dans André VAUCHEZ, dir., *Dictionnaire encyclopédique du Moyen Âge*, Paris, Cerf, 1997, t. I, p. 83.

ZINK, Michel, *Poésie et conversion au Moyen Âge*, Paris, PUF, 2003, p. 161-163 et 173-174.

—, *Le Jongleur de Notre-Dame. Contes chrétiens du Moyen Âge*, Paris, 1999, n[lle] éd., Paris, Seuil, 2002.

—, *Littérature française du Moyen Âge*, Paris, PUF, 1992. Index *s. v.* Jongleurs.

ZUMTHOR, Paul, *La Lettre et la Voix. De la «littérature» médiévale*, Paris, Honoré

Champion, 1987.

独角兽

ASTORG, B. D', *Le Mythe de la Dame à la Licorne*, Paris, Seuil, 1963.

BERSIER, J., *Jean Duvet, le Maître à la Licorne*, Paris, Berger Levrault, 1977.

BIANCIOTTO, G., *Bestiaire du Moyen Âge*, Paris, Stock, «Moyen Âge», 1980.

BOUDET, J.-P., *La Dame à la Licorne*, Toulouse, Le Pérégrinateur, 1999.

CARMODY, F. J., *Physiologus latinus. Version Y*, University of California, Publications in Classical Philology, II, 1941, p.95-137.

CHIELLINI NARI, Monica, article «Licorne», dans A. VAUCHEZ, dir., *Dictionnaire encyclopédique du Moyen Âge*, Paris, Cerf, 1997, t. II, 1997, p. 893-894.

ERLANDE-BRANDENBURG, Alain et ROSE, C., *La Dame à la Licorne*, Paris, Michel Ascline,1993.

GAY, Victor et STERN, Henri, article «Licorne», dans *Glossaire archéologique du Moyen Âge et de la Renaissance* (2 vol.), Paris, 1885 et 1928.

GOTFREDSEN, Lise, The Unicorn, Londres, The Harvill Press, 1999.

GUGLIELMI, N., *El Fisiologo, bestiario medieval*, Buenos Aires.

HENKEL, Nikolaus, *Studien zum Physiologus im Mittelalter*, Tübingen, 1976, notamment p.168-171.

JACQUART, Danielle, article «Physiologus», dans A. VAUCHEZ, dir., *Dictionnaire encyclopédique du Moyen Âge*, Paris, Cerf, 1997, t. II, p.1209-1210.

JOUBERT, Fabienne, *La Tapisserie médiévale*,1987[1], 2003[3] (Paris, Musée national du Moyen Âge, Réunion des musées nationaux).

KENDRICK, A. L., «Quelques remarques sur la «Dame à la Licorne» du Musée de Cluny (allégorie des cinq sens ?)», actes du congrès d'Histoire de l'art, Paris, 1921, t. III, 1924, p. 662-666.

MAURICE, Jean, article «Bestiaires», dans Cl. GAUVARD, A. DE LIBERA, M. ZINK, dir., *Dictionnaire du Moyen Âge*, Paris, PUF, 2002, p. 161-163.

PLANCHE, Alice, «Deux monstres ambigus:licorne et lycanthrope», dans *Démons et Merveilles au Moyen Âge* (colloque international de Nice, 1987), université de Nice-Sophia Antipolis,1990, p. 153-170.

REYNAUD, Nicole, «Un peintre français, cartonnier de tapisserie au XVe siècle, Henri de Valay», *Revue de l'art*, n°22, 1973, p.6-21.

SCHNEEBALG- PERELMAN, S., «La Dame à la licorne a été tissée à Bruxelles»,

Gazette des beaux-arts, n°70, 1967, p.253-278.

SEGRE, Cesare et FERY-HUE, Françoise, article«Bestiaires», dans *Dictionnaire des lettres françaises, le Moyen Âge*, Paris, 1964, p.171-173.

梅绿丝娜

Melusine of Lusignan. Founding Fiction in Late Medieval France, éd. D. Maddox et S. Sturm-Maddox, Athens, The University of Georgia Press, 1996.

Mélusine, actes du colloque du Centre d'études médiévales de l'université de Picardie, *Wodan*, vol.65, 1996.

Mélusines continentales et insulaires, dir. J.-M. Boivin t P. MacCana, Paris, Champion, 1999.

CLIER-COLOMBANI, Françoise, *La Fée Mélusine au oyen Âge. Images, myths et symboles*, Paris, Le Léopard d'or, 1881.

COUDRETTE, *Le Roman de Mélusine*, trad. Laurence Harf-Lancner, Paris, Classiques . Garnier Flammarion, 1993.

HARF-LANCNER, Laurence, «La vraie histoire de la fée Mélusine», L'Histoire, 119, février 1989, p.8-15.

—, «Le mythe de Mélusine», in P. BRUNEL, éd.,*Dictionnaire des mythes littéraires*, Paris, Le Rocher, 1988, p. 999-1004.

—, *Les Fées au Moyen Âge. Morgane et Mélusine; la naissance des fées*, Paris, Honoré Champion, 1984[1] , 1991[2].

—, *Le Monde des fées dans l'Occident médiéval*, Paris, Hachette, 2003.

JEAN D'ARRAS, *Mélusine ou la Noble Histoire de Lusignan*, édition, traduction et introduction au texte intégral par Jean-Jacques Vincensini, Paris,Le Livre de poche, «Lettres gothiques», 2003.

—, *Mélusine (le Roman de Mélusine ou l'histoire des Lusignan)*, mis en français moderne par Michèle Perret, préface de Jacques Le Goff, Paris, Stock, «Moyen Âge», 1979.

LECOUTEUX, Claude, *Mélusine et le Chevalier au Cygne*, préface de Jacques Le Goff, Paris, Payot, 1982.

—, «La structure des légendes mélusiniennes»,dans *Annales ESC*, 1978, p. 294-306.

LE GOFF, Jacques, *Mélusine maternelle et défricheuse* (avec E. LE ROY LADURIE), dans *Annales ESC*, 1971, repris dans *Pour un autre Moyen Âge*, Paris,Gallimard, 1977, p.307-331.

LUND, Bea, *Melusine und Merlin im Mittelalter, Entwürfe und Modelle weiblicher Existenz im Beziebungsdiskurs der Geschlechter*, Munich, 1991.

PILLARD, Guy-Édouard, *La Déesse Mélusine.Mythologie d'une fée*, Maulévrier, Hérault-Éditions,1989.

PINTO-MATHIEU, Élisabeth, *Le Roman de Mélusine de Coudrette et son adaptation allemande dans le roman en prose de Thüring von Ringoltingen*, Göppingen, Kummerle Verlag, 1990.

SERGENT, Bernard, «Cinq études sur Mélusine», *Mythologie française*, 177, 1995, p.27-38.

THÜRING DE RINGOLTINGEN, *Mélusine et autres récits*, présentés, traduits et annotés par Claude LECOUTEUX, Paris, Honoré Champion, 1999.

VINCENSINI, Jean-Jacques, «Modernité de Mélusine dans *Le Dernier Chant de Malaterre* de François Bourgeon», dans *La France médiévale et les écrivains d'aujourd'hui*, dir. M. Gally, Paris, PUF, «Perspectives littéraires», 2000, p. 163-178.

—, «Mélusine ou la vertu de la trahison (notes sur la vraisemblance dans les récits mélusiniens)», dans *Revue des langues romanes*, numéro spécial *Merveilleux et fantastique dans la littérature du Moyen Âge*, dir. F. Dubost, 101, 2, 1996, p.35-48.

适于 11—13 岁人群阅读

PERRET, Michèle, *La Légende de Mélusine*, Paris, Flammarion, «Castor-Junior», 1997.

梅 林

BAUMGARTNER, Emmanuelle, *Merlin le Prophète Ou Livre du Graal*, Paris, Stock, «Moyen Âge»,1980.

BERTHELOT, Anne, article «Merlin», dans Cl. GAUVARD, A. DE LIBERA, M. ZINK, dir.,*Dictionnaire du Moyen Âge*, Paris, PUF, 2002, p.903-904.

BLOCH, R. H., «Merlin and the Modes of Medieval Legal Meaning», dans *Archéologie des signes.*

HARDING, C. A., *Merlin and Legendary Romance*, New York/Londres, 1988.

MICHA, Alexandre, article «Merlin», dans *Dictionnaire des lettres françaises. Le Moyen Âge*,Paris, Le Livre de poche, n^{lle} éd., Fayard, 1964, p.1098-1099.

—, éd., Merlin, Genève, Droz, 1980.

REEVES, Marjorie, *The Influence of Prophecy in the Later Middle Ages. A Study in Joachimism*, Oxford, Clarendon Press, 1969.

RUSCONI, Roberto, *Profezia e profeti alla fine del Medioevo*, Rome, 1999.

SUARD, François, article «Merlin», dans A. VAUCHEZ, dir., *Dictionnaire encyclopédique du Moyen Âge*, Paris, Cerf, 1997, t. II, p.989.

VAUCHEZ, André, dir., *Les Textes prophétiques et la prophétie en Occident (XIIe-XVIe siècles)*, Rome, École Française, 1990.

ZUMTHOR, Paul, *Merlin le Prophète. Un thème de la littérature prophétique de l'historiographie et des romans*, 1943, réédition Genève, Droz, 2000.

埃勒坎家从
文本

MEISEN, Karl, *Die Sagen von Wütenden Heer und Wilden Jäger*, Münster i. W., 1935. Trad. italienne: *La leggenda del cacciatore furioso e della Caccia selvuggia*, trad. Sonia Maura Barillari, Alessandria, Ed. dell'Orso, 2001.

论著

Colloque *Le Charivari*, éd. J. LE GOFF et J.-Cl. SCHMITT, Paris, La Haye et New York, Mouton, 1981..

BOUET, P., «La Mesnie Hellequin dans l'*Historia Ecclesiastica* d'Orderic Vital», dans *Mélanges Kerlouégan*, Besançon, Presses Universitaires de Franche-Comté, 1994, p.61-68.

CARDINI, Franco, *Magia, stregoneria, superstizioni nell'Occidente medievale*, Florence, La Nuova Italia, 1979.

COHEN, G., «Survivances modernes de la Mesnie Hellequin», *Bulletin de l'Académie royale de Belgique*, 1948, p. 32-47.

ENDTER, A., *Die Sage von wilden Jäger und von der wilde Jagd. Studien über den deutschen Dämonenglauben*, Francfort/Main, 1933.

GINZBURG, Carlo, *Le Sabbat des sorcières* (1989). Trad. française, Paris, Gallimard, 1992.

HARF-LANCNER, Laurence, «L'enfer de la cour d'Henri II Plantagenêt et la Mesnie Hellequin», dans *L'État et les aristocrates (XIIe-XVIIe s.)*, Paris, ENS, 1959, p. 27-50.

—, *Le Monde des fées dans l'Occident médiéval*, Paris, Hachette, 2003 : «La Mesnie Hellequin et les revenants», p.164 et suiv.

LECOUTEUX, Claude, *Chasses fantastiques et cohortes de la nuit au Moyen Âge*, Paris, Imago, 1999.

SCHMITT, Jean-Claude, *Les Corps, les Rites, les Rêves, le Temps. Essais d'anthropologie médiévale*, Paris, Gallimard, 2001. Charivari et Mesnie Hellequin dans chap. IX, «Les masques, le diable, les morts».

—, *Les Revenants. Les vivants et les morts dans la société médiévale*, Paris, Gallimard, 1994, chap. V, «La Mesnie Hellequin», p.115-145.

SPADA, D., *La caccia selvaggia*, Milan, Barbarossa,1994.

UHL, P., «Hellequin et Fortune; le trajet d'un couple emblématique», *Perspectives médiévales*, XV, 1989, p.85-89.

VARVARO, A., *Apparizioni fantastiche. Tradizioni folcloriche e litteratura nel medioevo: Walter Map*, Bologne, Il Mulino, 1994.

WALTER, Philippe, «La Mesnie Hellequin. Mythe calendaire et mémoire rituelle», Iris, 18, 1999, p. 51-71.

—, éd., *Le Mythe de la chasse sauvage dans l'Europe médiévale*, Paris, Honoré Champion, 1997.

女教皇若安

BOUREAU, Alain, *La Papesse. Jeanne*, Paris, Flammarion, 1988.

DÖLLINGER, Ignaz VON, *Die Papstfabeln des Mittelalters. Ein Beitrag zur Kirchengeschichte*,Munich, 1863, trad. française, Paris, 1865, éd.allemande augmentée, Stuttgart, 1890.

ONOFRIO, Cesare D', *La papessa Giovanna. Roma e papato tra storia e leggende*, Rome, 1979.

PARDOE, Rosemary et Darrel, *The Female Pope: the Mystery of Pope Joan*, Wellingborough, 1988.

PARAVICINI BAGLIANI, Agostino, *Le Corps du pape*, 1994, trad. fr., Paris, Seuil, 1997.

PETOIA, Erberto, «Scandalo a San Pietro», *Medioevo*, 87, avril 2004, p.69-73.

列那狐

文本

Le Roman de Renart (2 vol.), texte établi et traduit par Jean DUFOURNET et André MÉLINE, Paris, Classiques Garnier-Flammarion, 1985.

Le Roman de Renart, éd. et trad. par STRUBEL, Armand, Paris, Gallimard, «Bibliothèque de la Pléiade», 1998.

Le Roman d'Ysengrin, trad. française d'E. Charbonnier, Paris, Les Belles Lettres, 1991.

L'Évasion d'un prisonnier. Ecbasis cujusdam captivi, éd. et trad. française par C. Munier, Paris, CNRS/Brepols, 1998.

Le Goupil et le Paysan (Roman de Renart, branche X), textes réunis par Jean Dufournet, Paris, Honoré Champion, 1990. .

Reinbart Fuchs, trad. en allemand moderne par SPIEWOK, W., Leipzig, Reclam, 1977.

Une œuvre, Le Roman de Renart, *un thème, société animale et société humaine*, présentation de Annick Arnaldi et Noëlle Anglade, Les Classiques Hatier, Paris, 1977.

青少读物

KAWA-TOPOR, Xavier et BACHELIER, Benjamin, *Mon Roman de Renart*, avec un CD, Paris, Actes Sud Junior, 2004.

论著

Article Renart du *Lexicon des Mittelalters*, VII/4, 1994, col. 720-724.

BATANY, Jean, *Scènes et Coulisses du Roman de Renart*, Paris, 1989.

BELLON, Roger, article *Roman de Renart* dans Cl. GAUVARD, A. DE LIBERA, M. ZINK, dir., *Dictionnaire du Moyen Âge*, Paris, PUF, 2002, p.1243-1244.

BELLON, Roger, «Trickery as an Element of Character of Renart», *Forum for Modern Langage Studies*, XXII, 1, 1986, p.34-52.

BOSSUAT, Robert, *Le Roman de Renard*, Paris, 1957[1], 1967[2].

—et LEFÈVRE, Sylvie, article «Roman de Renart» dans *Dictionnaire des lettres françaises. Le Moyen Âge*, Paris, Le Livre de poche, n^{lle} éd. 1992 (1re éd.1964), p.1312-1315.

BUSCHINGER, Danielle et PASTRÉ, Jean-Marc, trad. en français de *Fuchs Reinhart*, Greifswald, Reineke, 1993.

COMBARIEU DU GRÈS, M. DE et DUBRÉNAT, J., *Le Roman de Renart: index des thèmes et des personnages*, Aix-en-Provence, Senefiance, 22, 1987.

DELORT, Robert, *Les animaux ont une histoire*, Paris, Seuil, 1984.

DRAGONETTI, René, «Renart est mort, Renart est vif, Renart règne», *Critique*, n°375-6, 1879, p.783-798, repris dans *La Musique et les Lettres*, Genève, Droz, 1986, p. 419-434.

FLINN, J., *Le Roman de Renart dans la littérature française et dans les littératures étrangères au Moyen Âge*, Paris-Toronto, 1963.

FOULET, Lucien, *Le Roman de Renard*, Paris, 1914.

GOULLET, Monique, article «Ecbasis cujusdam captivi», dans Cl. GAUVARD, A. DE LIBERA, M. ZINK, dir., *Dictionnaire du Moyen Âge*, Paris, PUF, 2002, p.458.

PASTRÉ, Jean-Marc, article *Reinbart Fuchs* dans Cl. GAUVARD, A. DE LIBERA, M. ZINK, dir., *Dictionnaire du Moyen Âge*, Paris, PUF, 2002, p. 1192-1194.

REICHLER, Claude, *La Diabolie: la séduction, la renardie, l'écriture,* Paris, Minuit, 1979.

RIVALS, Claude, dir., *Le Rire de Goupil. Renard, prince de l'entre-deux*, Toulouse, Le Tournefeuille, 1998.

ROUSSEL, Henri, *Renart le Nouvel de Jacquemart Gielie. Étude littéraire*, Lille, 1984.

SCHEIDEGGER, J., *Le Roman de Renart ou le Texte de la dérision*, Genève, Droz, 1989.

STRUBEL, Armand, *La Rose, Renart et le Graal*, Paris, Slatkine, 1989.

TILLIETTE, Jean-Yves, article *Ysengrinus* dans Cl. GAUVARD, A. DE LIBERA, M. ZINK, dir., *Dictionnaire du Moyen Âge*, Paris, PUF, 2002, p.1483.

VARTY, K., *Reynard the Fox. A Study of the Fox in Medieval English Art*, Leicester University, 1967.

VOISENET, Jacques, *Bestiaire chrétien. L'imagerie animale des auteurs du haut-Moyen Âge (V^e-XIe siècle)*, Toulouse, Privat, 1994.

—, *Bêtes et hommes dans le monde médiéval. Le bestiaire des clercs du Ve au XIe siècle*, Turnhout, Brepols, 2000 (avec une préface de J. Le Goff).

Il existe depuis 1988 une Société internationale d'études sur le *Roman de Renart* qui publie une revue annuelle: *Reinardus. Yearbook of the International Reynard Society*, Grace.

罗宾汉

DOBSON, R. B. et TAYLOR, J., *Rymes of Robin Hood*, Londres, Heinemann, 1976.

GLEISSNER, R., article «Robin Hood», dans *Lexicon des Mittelalters*, vol. VII/5, 1994, p.919-920.

HOLT, J. C., *Robin Hood*, Londres, Thames and Hudson, 1982.

POLLARD, A. J., *Imagining Robin Hood. The Late Medieval Stories in Historical Context*, Woodbridge, Routledge, 2004.

罗 兰

<u>文本</u>

Chanson de Roland, éd. et trad. de Joseph Bédier,1921, 6e éd., 1937; de Gérard Moignet, Paris,Bordas, 1969, 3e éd., 1972; de Pierre Jonin, Paris, Gallimard, «Folio», 1979; de Jan Short, Paris, Le Livre de poche, «Lettres gothiques», 1990; de Jean Dufournet, Paris, Classiques Garnier- Flammarion,1993 ; de Cesare Segre, Genève, Droz, 2003.

<u>论著</u>

AMALVI, Christian, «La *Chanson de Roland* et l'image de Roland dans la littérature scolaire en France de 1815 à 1914», dans *De l'art et la manière d'acommoder les héros de l'histoire de France. De Vercingétorix à la Révolution,* Paris, Albin Michel, 1988, p.89-111.

BURGER, A., *Turold, poète de la fidélité,* Genève, Droz, 1977.

DUFOURNET, Jean, *Cours sur la Chanson de Roland,* Paris, CDU, 1972.

GALLETTI, Anna Imelda et RODA, Roberto, *Sulle orme di Orlando. Leggende e luoghi carolingi in Italia.I paladini di Francia nella tradizioni italiane. Una proposta storico*

-anthropologica, Padoue, Interbooks, 1987.

HORRENT, Jules, article «Roland (Chanson de)», dans *Dictionnaire des lettres françaises. Le Moyen Âge*, Paris, Le Livre de poche, 1992, p.1299-1304.

KELLER, H.-E., *Autour de Roland. Recherches sur la Chanson de geste*, Paris, Honoré Champion, 1989.

LAFONT, Robert, *La Geste de Roland* (2 vol.), Paris, L'Harmattan, 1991.

LE GENTIL, Pierre, *La Chanson de Roland*, Paris, Hatier, 1955.

LEJEUNE, Rita, «Le héros Roland, mythe ou personnage historique?», dans *Académie royale de Belgique. Bulletin de la classe des lettres et des sciences morales et politiques,* 5ᵉ série, t. 65, 1979, p. 145-165.

—et STIENNON, Jacques, «Le héros Roland, neveu de Charlemagne», dans W. BRAUNFELS, éd., *Karl der Grosse*, vol. IV, Düsseldorf, 1967.

—et STIENNON, Jacques, *La Légende de Roland dans l'art du Moyen Âge* (2 vol.), Liège, 1965.

MANDACH, A. DE, *La Chanson de Roland, transfert du mythe dans le monde occidental et oriental*, Genève, Droz, 1993.

MENÉNDEZ PIDAL, Ramón, *La Chanson de Roland et la tradition épique des Francs*, Paris, Picard, 1960.

RONCAGLIA, A., «Roland e il peccato di Carlomagno», dans *Mélanges Martin de Riquet*, Barcelone, 1986, p. 315-348.

ROQUES, Mario, «L'attitude du héros mourant dans *La Chanson de Roland*», *Romania*, LXVI, 1940, p.355-366.

特里斯坦和伊索尔德
文本

Le Roman de Tristan et Iseut renouvelé par Joseph Bédier, Paris, Piazza, 1900.

BÉROUL, *Tristan et Yseut*, éd. Daniel Poirion, préface de Christiane Marchello-Nizia, Paris, Gallimard, «Folio classique», 1995 et 2000.

MARY, André, *La Merveilleuse Histoire de Tristan et Iseut restituée par André Mary*, Paris, Gallimard, «Folio classique», 1973 (avec une préface de Denis de Rougemont).

Tristan et Iseut. Les «Tristan» en vers, éd. et trad. de Jean- Charles Payen, Paris, Garnier, 1974.

Tristan et Iseut. Les poèmes français, la saga norroise, par Philippe Walter et Daniel Lacroix, Paris, Le Livre de poche, «Lettres gothiques», 1989.

Tristan et Yseut. Les premières versions européennes,Christiane Marchello-Nizia, dir., Paris, Gallimard, «Bibliothèque de la Pléiade», 1995.

论著

BAUMGARTNER, Emmanuelle, *La Harpe et l'Épée.Tradition et renouvellement dans le «Tristan» en prose*, Paris, SEDES, 1990.

—, *Tristan et Iseut. De la légende aux récits en vers*, Paris, PUF, 1987.

BUSCHINGER, Danielle, éd., *Tristan et Yseut, mythe européen et mondial* (actes du colloque d'Amiens, 1986), Göttingen, 1987.

—, éd., *La Légende de Tristan au Moyen Âge* (actes du colloque d'Amiens, 1982), Göttingen, 1982.

CAZENAVE, Michel, *Le Philtre et l'Amour. La légende de Tristan et Iseut*, Paris, José Corti, 1969.

CHOCHEYRAS, Jacques, *Tristant et Iseut. Genèse d'un mythe littéraire,* Paris, Honoré Champion,1996. .

FRAPPIER, Jean, «Structure et sens du Tristan :version commune, version courtoise», *Cahiers de civilisation médiévale*, 6, 1963, p. 255-180 etp. 441-454.

FRITZ, Jean-Marie, article «Tristan (légende de)», dans *Dictionnaire des lettres françaises. Le Moyen Âge*, Paris, Fayard, 1991[2], p. 1445-1448, et article «Tristan en prose», *ibid.*, p. 1448-1450.

HEIJKANT, Marie-José, éd., *Tristano Riccardiano,* Parme, Pratiche Editrice, 1991.

KLEINHENZ, C., «Tristan in Italy: the Death or Rebirth of a Legend», *Studies in Medieval Culture*, 5, 1975, p. 145-158.

LEJEUNE, Rita, «Les noms de Tristan et Iseut dans l'anthroponymie médiévale», dans *Mélanges offerts à Jean Frappier*, Genève, Droz, t. II, 1970, p.525-630.

MIQUEL, André, *Deux histoires d'amour, de Majnün à Tristan*, Paris, Odile Jacob, 1995.

PASTOUREAU, Michel, «Les armoiries de Tristan», dans *L'Hermine et le Sinople. Études d'héraldisme médiéval,* Paris, Le Léopard d'or, 1982, p. 279-298.

PAYEN, Jean-Charles, «Lancelot contre Tristan: La conjuration d'un mythe subversif (Réflexions sur l'idéologie romanesque au Moyen Âge)», dans *Mélanges de langue et de littérature médiévales offerts à Pierre Le Gentil*, Paris, SEDES, 1973, p.617-632.

POIRION, Daniel, «Le Tristan de Béroul: récit, légende et mythe», *L'Information littéraire*, XXVI, 1974, p.159-207.

RIBARD, Jacques, *Du philtre au Graal. Pour une interprétation théologique du roman de «Tristan» et du «Conte du Graal»*, Genève, Slatkine, 1989.

ROUGEMONT, Denis de, *L'Amour et l'Occident*, Paris, Plon, 1972.

WAGNER, Richard, *Tristan et Isolde*, trad. nouvelle de Pierre Miquel (préface de Pierre Boulez), Paris, Gallimard, «Folio théâtre», 1996.

WALTER, Philippe, *Le Gant de verre. Le Mythe de Tristan et Yseut,* La Gacilly, Artus, 1990.

游吟诗人

乐曲

AUBREY, Elizabeth, *The Music of the Troubadours*, Bloomington/Indiana, Indiana University Press,1996.

WERF, Hendrik VAN DEN, et BOND, Gerald A., *The Extant Troubadours Melodies*, New York, Rochester, 1984.

文本

AURELL, Martin, *La Vielle et l'Épée. Troubadours et politique en Provence au XIIIe siècle*, Paris, Aubier, 1989.

BEC, Pierre, *Anthologie des troubadours*, Paris, UGE, «10/18», 1979[1], 1985[2].

—, *Burlesque et obscénité chez les troubadours*, Paris, Stock, 1984.

BOUTIÈRE, Jean, SCHUTZ, Alexander Hermann et CLUZEL, Irénée-Marcel, *Biographies des troubadours. Textes provençaux des XIIIe et XIVe siècles,* Paris, A.G. Nizer, 1973.

JEANROY, A., *Anthologie des troubadours, XIe et XIIIe siècles,* Paris, Nizier, 1974.

LAVAUD, R. et NELLI, R., *Les Troubadours* (2 vol.), Bruges, Desclée de Brouwer, 1960, 1966.

RIQUER, Martin DE, *Los Trovadores: historia literaria y textos*, 3 vol., Barcelone, 1975.

ROSENBERG, S. N., TISCHLER, H. et GROSSEL, G.,*Chansons de trouvères. «Chanter m'estuet»*, Paris, Le Livrede poche, «Lettres gothiques», 1995.

论著

BRUNEL-LOBRICHON, Geneviève et DUHAMELAMADO, Claudie, *Au temps des troubadours XIIe-XIIIe siècle*, Paris, Hachette, 1997.

BRUNEL-LOBRICHON, Geneviève, article «Troubadours», dans *Dictionnaire des lettres françaises. Le Moyen Âge*, Paris, Fayard, 1992, p.1456-1458.

CHEYETTE, Frederick L., *Ermengard of Narbonne and the World of the Troubadours*, Cornell University Press, 2001[1], 2004[2].

CROPP, Glynnis M., *Le Vocabulaire courtois des troubadours de l'époque classique*,

Genève, Droz, 1975.

HUCHET, Jean-Claude, *L'Amour discourtois. La «fine amor» chez les premiers troubadours,* Toulouse, Privat, 1987.

HUCHET,. Jean-Claude, article «Vidas et razos», dans Cl. GAUVARD, A. DE LIBERA, M. ZINK, éd., *Dictionnaire du Moyen Âge,* Paris, PUF, 2002, p. 1446-1447.

KAY, Sarah, *Subjectivity in Troubadour Poetry,* Cambridge, Cambridge University Press, 1990.

KÖHLER, Erich, *Trobadorlyrik und höfischer Roman,* Berlin, 1962 (trad. française: *L'Aventure chevaleresque. Idéal et réalité dans le romain courtois,* Paris, Gallimard, 1974, avec une préface de J. Le Goff).

—, «Observations historiques et sociologiques sur la poésie des troubadours», *Cahiers de civilisation médiévale,* VI, 1964, p.27-51.

MARROU, Henri-Irénée (DAVENSON), *Les Troubadours,* Paris, Seuil, 1971.

MONSON, Don A., «The Troubadours Lady Reconsidered Again», *Speculum,* 70, 1995, p.255-274.

MURAILLE, Guy, article «Trouvères lyriques», dans *Dictionnaire des lettres françaises. Le Moyen Âge,* Paris, Fayard, 1992, p.1458-1463.

NELLI, René, *Écrivains anti-conformistes du Moyen Âge occitan* (2 vol.), Paris, Phébus, 1977.

—, *L'Érotique des troubadours* (2 vol.), Paris, UGE, «10/18», 1974.

PADEN, William D., «The Troubadour's Lady as seen through Thick History», *Exemplaria,* 11, 1999, p.221-244.

—, *The Voice of the Trobairitz. Perspectives on the Women Troubadours,* University of PennsylvanniePress, 1989.

PATERSON, Linda, *The World of the Troubadours. Medieval Occitan Society c.1100-1300,* Cambridge, Cambridge University Press, 1993.

PAYEN, Jean-Charles, *Le Prince d'Aquitaine. Essai sur Guillaume IX, son œuvre et son érotique,* Paris, Honoré Champion, 1980.

RÉGNIER-BOHLER, Danielle, article «Amour courtois», dans J. LE GOFF et J.-Cl. SCHMITT, dir., *Dictionnaire raisonné de l'Occident médiéval,* Paris,Fayard, 1999, p.32-41.

ROUBAUD, Jacques, *La Fleur inverse. Essais sur l'art formel des troubadours,* Paris, Ramsay, 1986.

—, *Les Troubadours,* Paris, Seghers, 1980.

WARNING, Rainer, «Moi lyrique et société chez les troubadours», dans Lucie BRIN D'AMOUR et Eugene VANCE, éd., *Archéologie du signe,* Toronto, *Papers in Medieval Studies*, 3, 1983.

ZUCCHETO, Gérard, *Terre des troubadours (XIIe-XIIIe siècle)*, préface de Max Rouquette, Paris, Éd. de Paris, 1996, avec CD.

瓦尔基里
文本

La Chanson des Nibelungen, traduite et présentée par Danielle Ruschinger et Jean-Marc Pastré, Paris, Gallimard, «L'Aube des peuples», 2001.

ARIÈGES, Jean D', *Richard Wagner. La Walkyrie*, édition bilingue, Paris, Aubier-Flammarion, 1970.

论著

BOYER, Régis, *La Religion des anciens scandinaves*, Paris, Payot, 1981.

BUSCHINGER, Danielle, «Les relations entre épopée française et épopée germanique. Essai de position des problèmes», dans *Au carrefour des routes d'Europe: La Chanson de geste*, X^e congrès international de la société Renceyvals, Aix-en-Provence, 1987, p.77-101.

DILLMANN, François-Xavier, *L'Edda. Récits de mythologie nordique par Snorri Sturluson*, Paris, Gallimard, «L'Aube des peuples», 1991.

DUMÉZIL, Georges, *Mythes et dieux de la Scandinavie ancienne*, Paris, Gallimard, 2000.

KRAPPE, A. H., «The Walkyries», *Modern Language Review,* 21, 1926, p.55-73.

LACROIX, Daniel W., articles «Edda poétique» (p.464-466), «Saga» (p. 1264-1267), «Snorri Sturluson» (p. 1339-1342), dans Cl. GAUVARD, A. DE LIBERA, M. ZINK, dir., *Dictionnaire du Moyen Âge*, Paris, PUF, 2002.

MÜLLER, Ursula et Ulrich, éd., *Richard Wagner und sein Mittelalter*, Salzbourg, 1989.

SIMEK, R., article «Walküren» dans *Lexicon des Mittelalters*, 8/9, 1997, p.1978.

STEBLIN-KAMENSKIJ, M. C., «Valkyries and Heroes», *Arkiv für nordisk Filologi,* 97, 1982, p. 81-93.

TONNELAT, Ernest, *La Légende des Nibelungen en Allemagne au XIXe siècle,* Paris, Les Belles Lettres, 1952.

本书刚完成时，我收到了 François Amy de la Bretèque 的概论（足有 1276 页）《西方电影中的中世纪意象》(*L'Imaginaire médiéval dans le cinéma occidental,* Paris, Honoré Champion, 2004)，你手里的这本书提到的一些电影里的重要细节，该书也有所提及，它

还涉及了别的有关中世纪意象的电影作品。这部杰出的汇编，特别关注的是以下主题：哥特式风格、罗兰、熙德、亚瑟、骑士、梅林、游吟诗人、特里斯坦和伊索尔德、列那狐、罗宾汉，以及沃尔特·司各特、维克多·雨果、瓦格纳笔下的中世纪。

出版后记

本书是有关中世纪的英雄与奇观这两类意象的专著，需要说明，本书中使用的"英雄"与"奇观"两词，和我们通常使用的意义不太一样。作者雅克·勒高夫长期深耕中世纪史这一领域，在中世纪的文化、心态、意象等领域颇有建树。作者在书中，对这两类意象进行了简明扼要的分析，勾勒出这些意象从出现到今天的变化历程。在此过程中，不同的人群将意象塑造成不同的样子，从这个意义上说，它们既属于中世纪，也属于当代。

本书在谈论这些意象在现代的情况时，大多只会论及一些现代的欧美电影，这也与书的篇幅有关。在中国，书中的有些意象已经通过游戏、电影等载体，为大众所熟知。经过了新的演绎和解释后，它们也成为中国当代流行文化的一部分，此演变过程是怎么样的，它们又被赋予了怎样的属性，或许也是很有趣的问题。

本书中文版根据2005年出版的法文原版翻译，收录原书的大量精美插图，以飨读者。编者水平有限，对全书的内容负责，原书中的若干处错误业已订正，如有错误之处，敬请告知。

服务热线：133-6631-2326　188-1142-1266
服务信箱：reader@hinabook.com

后浪出版公司
2019年11月

图书在版编目（CIP）数据

中世纪的英雄与奇观 /（法）雅克·勒高夫著；
鹿泽新译 . -- 成都：四川文艺出版社，2020.5（2020.8 重印）
ISBN 978-7-5411-5601-4

Ⅰ.①中… Ⅱ.①雅… ②鹿… Ⅲ.①欧洲—中世纪史 Ⅳ.① K503

中国版本图书馆 CIP 数据核字 (2020) 第 062045 号

First published in France under the title "Héros et Merveilles du Moyen-Âge"
By Jacques Le Goff
©Editions du Seuil, 2005
Current Chinese translation rights arranged through Divas International, Paris 巴黎迪法国际版权代理 (www.divas-books.com)

本书简体中文版权归属于银杏树下（北京）图书有限责任公司
著作权合同登记号　图进字：21-2020-65

ZHONG SHIJI DE YINGXIONG YU QIGUAN
中世纪的英雄与奇观
[法] 雅克·勒高夫 著
鹿泽新 译

出 品 人	张庆宁
选题策划	后浪出版公司
出版统筹	吴兴元
编辑统筹	张　鹏
责任编辑	李国亮 邓　敏
特约编辑	史文轩 苏才隽
装帧制造	墨白空间·陈威伸
营销推广	ONEBOOK
责任校对	汪　平
出版发行	四川文艺出版社（成都市槐树街 2 号）
网　　址	www.scwys.com
电　　话	028-86259287（发行部） 028-86259303（编辑部）
传　　真	028-86259306
邮购地址	成都市槐树街 2 号四川文艺出版社邮购部 610031
印　　刷	北京盛通印刷股份有限公司
成品尺寸	172mm×240mm　1/16
印　　张	16.5　　　　　　　字　数 270 千字
版　　次	2020 年 5 月第一版　印　次 2020 年 8 月第二次印刷
书　　号	ISBN 978-7-5411-5601-4
定　　价	99.80 元

后浪出版咨询(北京)有限责任公司 常年法律顾问：北京大成律师事务所　周天晖 copyright@hinabook.com
未经许可，不得以任何方式复制或抄袭本书部分或全部内容
版权所有，侵权必究

本书若有质量问题，请与本公司图书销售中心联系调换。电话：010-64010019

后浪微信｜hinabook

筹划出版｜银杏树下
出版统筹｜吴兴元
编辑统筹｜张　鹏
责任编辑｜李国亮　邓　敏
特约编辑｜史文轩　苏才隽
装帧制造｜墨白空间·陈威伸｜mobai@hinabook.com
后浪微博｜@后浪图书
读者服务｜reader@hinabook.com 188-1142-1266
投稿服务｜onebook@hinabook.com 133-6631-2326
直销服务｜buy@hinabook.com 133-6657-3072

后浪出版咨询(北京)有限责任公司
POST WAVE PUBLISHING CONSULTING (BEIJING) CO.,LTD